RUSTIEK KAMPEREN IN NEDERLAND

RUSTIEK KAMPEREN

NEDERLAND

Gerard M.L. Harmans

KOSMOS

Kosmos Uitgevers, Utrecht/Antwerpen

KOSMOS

www.kosmosuitgevers.nl

Kosmos Uitgevers stelt alles in het werk om haar gidsen zo actueel mogelijk te maken en te houden. Omstandigheden zijn echter veranderlijk. Openingstijden of prijzen worden gewijzigd, wegen worden aangelegd of juist afgesloten. Kosmos Uitgevers kan dan ook geen aansprakelijkheid aanvaarden voor eventuele onjuiste of achterhaalde gegevens.
Wij hopen echter dat u er begrip voor kunt hebben dat af en toe informatie achterloopt bij de werkelijke situatie en zouden het zeer waarderen wanneer u geconstateerde veranderingen aan ons wilt doorgeven, zodat wij hiermee rekening kunnen houden bij een volgende druk.
Uw opmerkingen kunt u – zonder postzegel – zenden aan:

Kosmos Uitgevers
t.a.v. redactie Reizen & Vrije tijd
Antwoordnummer 8111
3500 VV Utrecht

of aan de samenstellers van deze gids:

***de Redactie*, boekverzorgers**
Prinsengracht 739-741
1017 JX Amsterdam
redactie@euronet.nl

Tekstverzorging: *de Redactie*, Amsterdam
Samenstelling: Gerard M.L. Harmans
Auteurs: Gerard M.L. Harmans, Hilde Hamer, Ron de Heer, Geert IJsland, Marten van de Kraats, Clemens Kok, Paul Krijnen, Dominique van der Lingen en G.M. Valster

1e druk 2007

Typografie: Oranje Vormgevers, Eindhoven
Omslagontwerp: Oranje Vormgevers, Eindhoven
Foto omslag: Gerard op het Veld / B en U, Dieren

ISBN 978 90 215 0789 7
NUR 503

INHOUD

Zuid-Nederland (kaart D) **109**

WOORD VOORAF

Eindelijk een hele uitgave gewijd aan rustiek kamperen in Nederland. Zes edities lang deelden we de goede zin voor het Nederlandse natuurkamperen met de geheel andere opvattingen over campings die in België en Luxemburg heersen. Dat had een enigszins scheve invulling tot gevolg, maar in het onderhavige boek maken we dat geheel goed!

Natuurkamperen is in Nederland niets minder dan een trend. Het opwarmende klimaat zal daar nog aan bijdragen. Is het omdat Nederland zo volgebouwd is dat er zo'n honger bestaat naar natuurbeleving en stilte? Staatsbosbeheer heeft nu zelfs mogelijkheden geschapen die wel heel dicht tegen wildkamperen aan liggen, het paalkamperen. Op enkele plaatsen (inmiddels al 30) in de bossen, slechts gemarkeerd door een paal en een pomp, mag u uw tentje opzetten. Men bereikt deze terreintjes, voor maximaal 3 tenten en een verblijf van maximaal 72 uur, slechts te voet of per fiets. Ter illustratie hebben we één paalkampeerplek, in Salland, opgenomen, hoewel het feitelijk buiten onze scope valt.

Onze hele selectie is opnieuw tegen het licht gehouden en aangevuld tot de 100 mooiste, stilste en best onderhouden rustieke kampeerterreinen van het land, buiten het zicht van onze steden, voorsteden en slaapsteden, buiten het geluid van ons snelwegennet. Het blijft natuurlijk onze persoonlijke keuze, die misschien niet de uwe is. Mocht uw ervaring toch tegenvallen of juist uitstekend zijn, laat het ons weten. Wij stellen uw reactie zeer op prijs!

Nog altijd gaat onze dank uit naar de instanties en terreineigenaars die er bewust voor hebben gekozen om het rustieke kamperen te propageren. Aan grote, commercieel opgezette terreinen is beslist meer te verdienen, maar kennelijk is hun bevrediging voldoende onder de gekozen richting. Als op terreinen de Natuurkampeerkaart verplicht is, staat dat aangegeven. U kunt de kaart bij alle ANWB-vestigingen, VVV/ANWB-agentschappen en aangesloten verenigingen krijgen, of neem contact op met de Stichting Natuurkampeerterreinen in Nieuwegein, tel. 030-6033701.

De meest gemotiveerde terreineigenaars betonen zich in gesprekken niets minder dan verliefd op hun terreinen en, nog opvallender, zeer begaan met collega's in de buurt die ook een camping beheren. Kortom, dit is goed volk, dat graag samen optrekt.

Toch leidt het succes van het natuurkamperen ook soms tot wrevel. Op hoogtijdagen gebeurt het wel eens dat een beheerder nieuwe bezoekers moet wegsturen omdat het terrein verzadigd is. Ook het sanitair staat – daar getuigen enkele van uw brieven van – wel eens onder druk. Uw begrip wordt gevraagd. Het is een beetje inherent aan deze vorm van kamperen: om de rust te waarborgen houden de beheerders zich strikt aan hun bezettingsnorm, en wat de hygiëne betreft, het wordt zeer gewaardeerd als u actief meehelpt om het sanitair bruikbaar en het terrein schoon te houden.

Wij wensen u veel plezier tussen de vogels en de wilde planten, tussen de voet- en fietspaden, op de plaatsen waar u kunt varen en vissen, waar het 's nachts nog donker wordt en u dieren hoort ritselen in de ondergroei. Nederland is niet vol, wat ze ook zeggen, je moet alleen even zoeken naar de leegte. Dat hebben wij voor u proberen te doen.

Gerard M.L. Harmans

GEBRUIK VAN DE GIDS

Bij de beschrijvingen van de campings is de volgende onderverdeling gehanteerd:

Natuurcamping, die vooral opvalt door de schitterende ligging midden in de onaangetaste natuur.

Boerderijcamping, gelegen op een al dan niet als zodanig nog actief boerenbedrijf, in een groene omgeving.

Landgoed- of kasteelcamping, op een fraai landgoed, waarvan het monumentale karakter voor extra charme zorgt.

De beschrijving van de campings wordt voorafgegaan door de volgende praktische gegevens:
Provincie
Plaatsnaam
Naam van de camping
Adres en postcode
Telefoon- en eventueel faxnummer (als u vanuit het buitenland belt, eerst het landnummer: 0031 Nederland)
Internetpagina en e-mailadres
Openingstijden
Totale oppervlakte (hectares bestemd voor kampeerders) / maximumaantal kampeerplaatsen
Ligging van en route naar het kampeerterrein

Symbolen

Gezinscamping

Bijzonder schaduwrijk gebied

Aangepaste voorzieningen voor rolstoelgebruikers

Zwemmen mogelijk in natuurlijk water nabij

Zwembad op de camping

Huisdieren verboden

Warme douches

Wasmachine op de camping

Zeer comfortabel kampeerterrein

E Eenvoudig ingerichte camping

Natuurkampeerkaart verplicht

De redactionele tekst omvat een omschrijving van het kampeerterrein, de bijzondere kenmerken en de recreatieve mogelijkheden. Daarop volgt een beschrijving van de omgeving en een keuze uit de culturele, sportieve en natuurlijke hoogtepunten in de buurt.

OVERZICHTSKAART

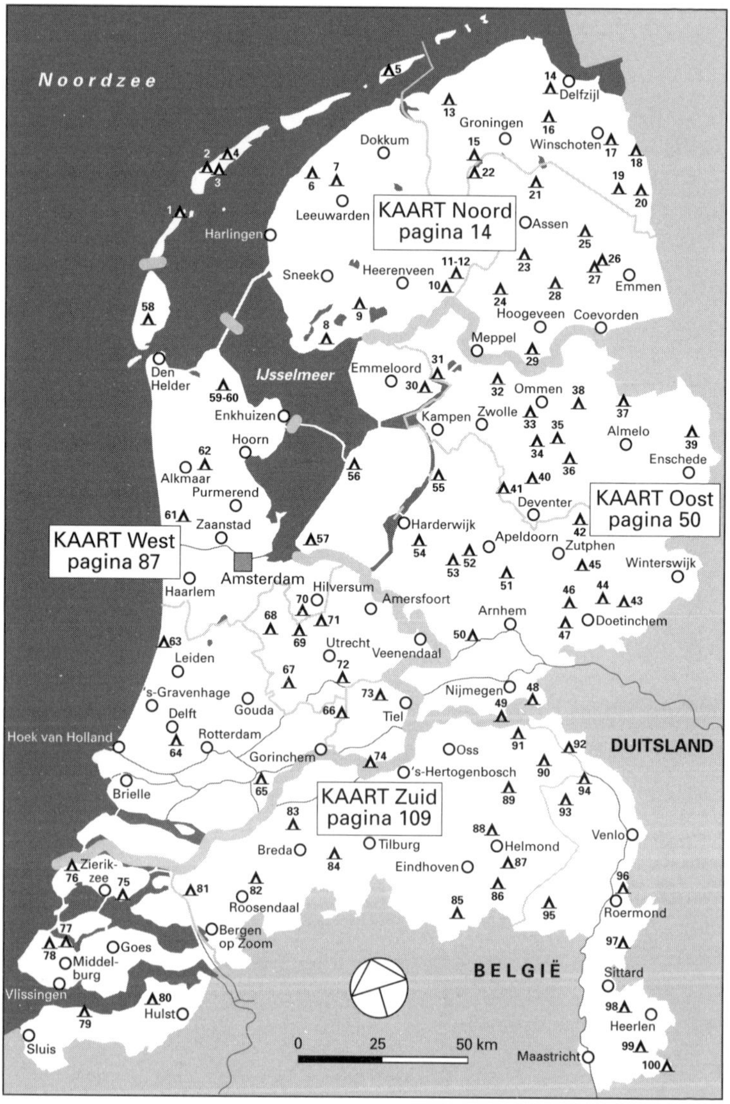

Legenda overzichtskaart		Legenda deelkaarten	
▲7	Geselecteerde camping met bijbehorend nummer	▲ Cornjum 7	Camping met plaatsnaam en nummer
	Grens gebiedsindeling		Wegen en veerdiensten
Kaart X	Benaming deelkaart		Staats-/provinciegrenzen

NOORD-NEDERLAND

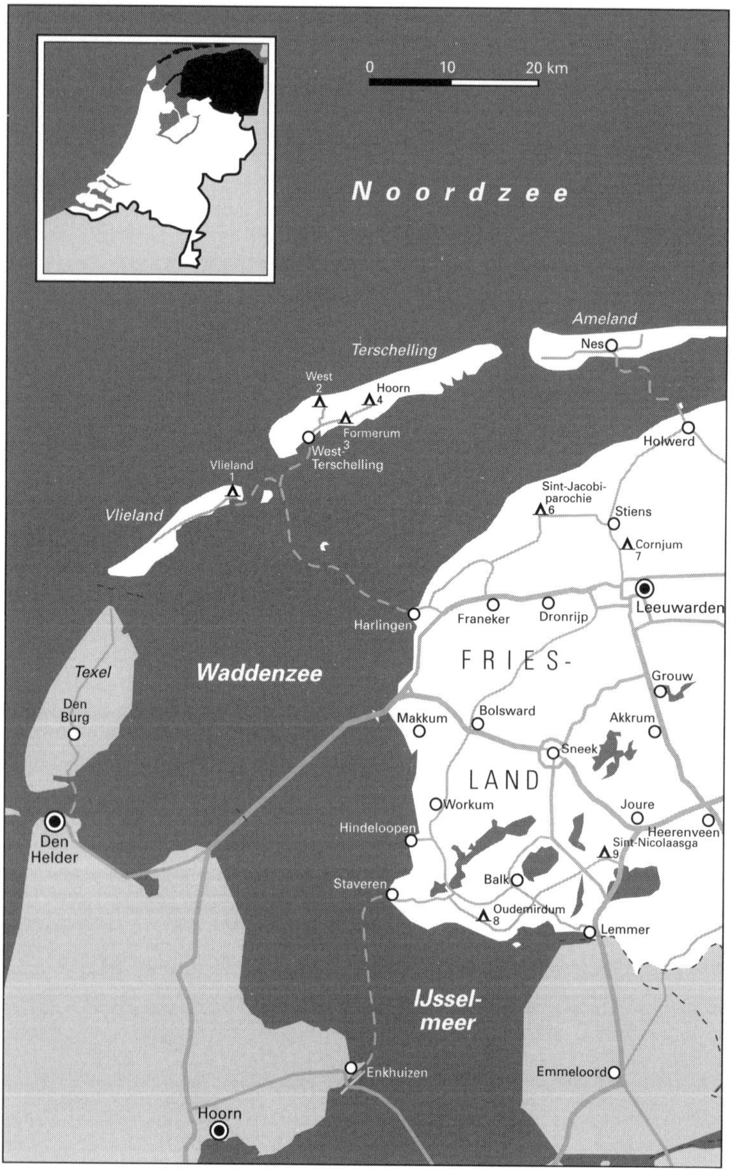

Schiermonnikoog
5
Waddenzee
Eems
Eemshaven
Lauwersoog
Pieterburen
Uithuizen
Emden
Leens
13
Zoutkamp
GRONINGEN
Delfzijl
Dollard
Dokkum
Appingedam
14
Bedum
Schildwolde
16
Veenwouden
Groningen
Nieuwe
Schans
Lettelbert
15
Leek
Nietap
22
Hoogezand-
Sappemeer
Winschoten
Blijham
17
Roden
Veendam
Drachten
Zuidlaren
Schipborg
21
Rhederveld
18
Norg
Assen
Rolde
Gieten
Stadskanaal
Bourtange
Oosterwolde
Mussel
19
Appelscha
Sellingen
20
Borger
25
Boyl
11-12
Wolvega
Hooghalen
23
Ter
Apel
Noordwolde
10
Odoorn
Westerbork
Beilen
Schoonoord
27
Odoornerveen
26
Emmer-
Compascuum
Dwingeloo
24
Mantinge
28
DUITSLAND
Steenwijk
Havelte
DRENTHE
Emmen
Klazienaveen
Hoogeveen
Meppel
Zuidwolde
29
Coevorden

VLIELAND (FRIESLAND)

De Lange Paal

Postweg 1a, 8899 BZ Vlieland T 0562-451639
www.langepaal.com e-mail: langepaal@staatsbosbeheer.nl
geopend 01/04 – 31/10
oppervlakte 4 ha / 89 toeristische plaatsen

01

route De aankomst- en vertrektijden van de boot Harlingen-Vlieland staan in het spoorboekje. Auto's mogen niet naar Vlieland worden meegenomen. Bij de haven worden fietsen te huur aangeboden. Bij de NS is het zogenoemde Waddenbiljet te koop: treinreis naar Harlingen, overtocht, eventueel busvervoer naar het kampeerterrein en korting op een huurfiets, alles met één kaartje. Sla bij de haven linksaf de Dorpsstraat van Oost-Vlieland in. Ga rechtdoor de Postweg op. De Lange Paal ligt ruim 3 kilometer van Oost-Vlieland, rechts van de weg.

kampeerterrein De Lange Paal is een mooi, doodstil en zeer ruim SBB-natuurkampeerterrein. Buiten juli en augustus is het onderdeel van een groter groepsterrein met maximaal 150 plaatsen. Van 01/07 tot 20/08 is reserveren verplicht. De camping bestaat uit drie grote kampeerweiden, gescheiden door windsingels, tegen de bosrand of aan de kant van de Waddenzee. Per weide is er een sanitairhuis met toiletten en warme douches. Voor trekkers met kleine tenten is een apart veldje gereserveerd.

omgeving Een groot deel van Vlieland valt onder Staatsbosbeheer, alleen de Vliehors in het westen is militair oefenterrein en dus niet toegankelijk. De belangrijkste natuurterreinen op het eiland (in het broedseizoen zijn deze gebieden deels niet toegankelijk) zijn: de Meeuwenduinen, broedgebied van vele vogelsoorten en de zuidelijkste broedplaats van de eidereend in Europa; het Kooispleklid, een duinmassief met droge en natte gedeelten en stuifduinen, waardoor er een bijzonder rijke flora en fauna voorkomt: zonneroosje, zandhagedis, houtsnip en blauwe kiekendief; De Oude Kooi, een eendenkooi en drassige duinvalleien te midden van hoge duinformaties; de Kroonpolders, bestaande uit grasland, rietmoeras en open water met overgangen van brak naar zoet. Het Posthuijs met zijn fantastische zonneterras fungeert als vertrekpunt van excursies door de Kroonpolders.
Bezienswaardig in Oost-Vlieland is Tromps Huys (17e eeuw) in de Dorpsstraat. Het werd rond 1900 bewoond door de Noorse schilderes Betzy Akersloot-Berg en haar man. Zij creëerden een museum vol Noors en Hollands antiek en werken van tijdgenoten als Coba Ritzema (een der Amsterdamse Joffers) en Max Liebermann, een Duitse impressionist.

West-Terschelling

Longway 28, 8881 CM Terschelling/West T 0562-448977 F 0562-442208
www.staatsbosbeheer.nl/doen/opvakantie/kamperen
01/04 – 31/10 **geopend**
2,5 ha / 73 toeristische plaatsen **oppervlakte**

02

route Aankomst- en vertrektijden van de boot Harlingen-Terschelling staan in het spoorboekje. Bij de NS is het zogenoemde Waddenbiljet te koop: treinreis naar Harlingen, overtocht, eventueel busvervoer naar het kampeerterrein en korting op een huurfiets, alles met één kaartje. Als u uw auto meebrengt, is een bootreservering noodzakelijk, zowel voor heen- als terugreis (Rederij Doeksen, tel. 0562-446111). Ga bij de haven rechtsaf de Barentszkade op, richting Midsland. Aan het einde van de kade links aanhouden. Na een bejaardenhuis met een rode boei in de tuin rechts is het even verderop links. Te voet is de route vanaf de boot: Torenstraat, Brandarisstraat, Parnassiaweg, Longway. Per bus: halte Europalaan.

kampeerterrein Het SBB-natuurkampeerterrein West-Terschelling, even ten noorden van het dorp West, bestaat uit een aantal forse kampeerweiden in het bos, met singels tussen de weiden. Er zijn in totaal 73 plaatsen, waarvan vijf passantenplaatsen en tien plaatsen voor caravans en campers op een apart veld. Ook is er een terreintje voor hondenbezitters (tien plaatsen). In het hoogseizoen (juli/augustus) moet u reserveren; in de paas- en pinkstervakanties kan niet gereserveerd worden. De maximale verblijfsduur bedraagt vier weken. Melden bij het kantoortje van de beheerder, vlak achter de slagboom aan het eind van de oprit.

omgeving De camping ligt op 2 kilometer van het strand. West aan Zee en Midsland aan Zee zijn dé badplaatsen van het eiland. Het Terschellinger Noordzeestrand is ongelooflijk breed. Vlak bij het kampeerterrein, in een buitenwijk van West, ligt zwembad De Dôbe. Achter het terrein ligt bovendien duinmeer de Dodemanskisten. Hier kan men zich voorstellen hoe de Haagse Hofvijver er in zijn natuurlijke staat moet hebben uitgezien. De westpunt van Terschelling, de Noordvaarder, bestaat uit strandvlakten en delen met primaire duinvorming; dit gebied staat open voor wandelaars. Er komen plantensoorten voor als parnassia, knopbies, harlekijnorchis en strandduizendguldenkruid. Bezienswaardig in het dorp West zijn: de vuurtoren Brandaris (1594), de hervormde kerk (17e eeuw), de grafzerken met afbeeldingen van schepen op de oude begraafplaats en de 17e-eeuwse trap- en klokgevels van het Terschellinger type in de Molenstraat en Commandeurstraat, sommige met siermetselwerk. Museum 't Behouden Huys bestaat uit twee 17e-eeuwse commandeurswoningen en is gewijd aan de Nova Zembla-reis van Barentsz en Heemskerk.

FORMERUM (FRIESLAND)

Lies

Duinweg, 8894 KK Terschelling/Formerum T 0562-442675 F 0562-442208
www.staatsbosbeheer.nl/doen/opvakantie/kamperen
01/04 – 31/09 **geopend**
0,75 ha / 25 toeristische plaatsen **oppervlakte**

E 03

route Aankomst- en vertrektijden van de boot Harlingen-Terschelling staan in het spoorboekje. Bij de NS is het Waddenbiljet te koop: treinreis naar Harlingen, overtocht, eventueel busvervoer naar het kampeerterrein en korting op een huurfiets, alles met één kaartje. Als u uw auto meebrengt, is een bootreservering noodzakelijk, zowel voor heen- als terugreis (Rederij Doeksen, tel. 0562-446111). Ga bij de haven rechtsaf richting Hoorn; bij Landerum links, Formerum in; voor de Rustende Jager links; eerste weg rechts naar camping Nieuw-Formerum; tegenover Nieuw-Formerum de zandweg (Duinweg) op.

kampeerterrein SBB-natuurkampeerterrein Lies, tegen de glooiende zoom van een bebost duingebied, is ronduit prachtig. Een aanminniger kampeerweitje zult u in de hele Benelux niet gemakkelijk vinden. De kampeerder kan zo het bos in lopen. Er zijn drie passantenplaatsen. De sanitaire voorzieningen zijn eenvoudig: een sanitairgebouw met vier toiletten en een koude douche en verspreid over het terrein een paar kraantjes. Reserveren voor de maanden juli en augustus is noodzakelijk. Dit moet gebeuren bij de beheerder in de beheerschuur te Lies (2 km van het terrein; 0562-448977), bij wie u zich ook aanmeldt en met wie u afrekent, liefst enkele dagen voor vertrek. Caravans en campers zijn hier niet toegestaan.

omgeving Mogelijkheden voor fietsen en wandelen zijn hier legio. Formerum heeft winkels, een juttermuseum en de leuke kaasboerderij Pieter Peitshoeve (0562-448501). Hoorn, Midsland en Oosterend zijn mooie plaatsjes, met enkele fraaie gevels. Het Noordzeestrand ligt op 2 km afstand. (Zwem alleen in zee bij opkomend tij; de ebstromingen zijn hier zeer sterk.) De natuurgebieden de Kooibosjes, de Koegelwieck (benoorden Lies) en de Landerumer Heide (boven Midsland) zijn alle botanisch zeer interessant. Het Europees Natuurreservaat De Boschplaat (de ongeveer 4400 ha grote oostpunt van Terschelling) is met zijn duinen, slenken, stranden en kwelders landschappelijk en biologisch van internationale betekenis. Elke zone tussen Noordzee en Waddenzee (nat, droog, laag, hoog, zout en zoet) kent zijn eigen flora. Ook broedt er een verscheidenheid aan meeuwen, sterns, zang- en roofvogels. In winter en herfst is dit gebied een belangrijke pleisterplaats voor vele tienduizenden steltlopers, eenden en ganzen. Zelf eet u heerlijk in het visrestaurant op het pleintje bij de Brandaris in West en probeer als ontbijt eens het lokale suikerbrood.

HOORN (FRIESLAND)

West-Terschelling

Duinweg 8896 JT Terschelling T 0562-448977 F 0562-442208
www.staatsbosbeheer.nl/doen/opvakantie//kamperen
geopend 01/04 – 01/10
oppervlakte 1,5 ha / 43 toeristische plaatsen

04

route Ga bij de haven rechtsaf richting Hoorn. Sla in Hoorn links af de badweg op en ga voor het bos rechtsaf de zandweg (Duinweg) op. Het kampeerterrein ligt na circa 500 meter rechts. De aankomst- en vertrektijden van de boot Harlingen-Terschelling staan in het spoorboekje. Bij de NS is het zogenoemde Waddenbiljet te koop: treinreis naar Harlingen, overtocht, busvervoer naar het kampeerterrein en korting op een huurfiets, alles met één kaartje. Reist u per auto, dan is reserveren voor de boot noodzakelijk, zowel voor de heen- als voor de terugreis (Rederij Doeksen, tel. 0562-446111).

kampeerterrein Het SBB-natuurkampeerterrein Hoorn bestaat uit drie kampeervelden aan de rand van het Hoornse bos, gescheiden door windsingels. Dit kampeerterrein is niet zo fraai als Lies, maar mag er ook wezen. Van 10/07 tot 20/08 is er uitsluitend plaats voor degenen die hebben gereserveerd. Dit moet gebeuren bij de beheerder van de grote, op 400 m afstand gelegen NIVON-camping Nieuw-Formerum, bij wie u u ook aanmeldt en met wie u afrekent. Als het kampeerterrein Hoorn vol is, is er nog een aardige boerderijcamping in de buurt die even verderop aan de Duinweg ligt: Dennedune. (Het adres van de boerderij is: Dorpsstraat 89, 8896 JD Terschelling, tel. 0562-448196.)

omgeving Er zijn in de buurt van Hoorn veel mogelijkheden om te wandelen of te fietsen. Het Noordzeestrand ligt op 2 km afstand. De natuurgebieden de Kooibosjes, de Koegelwieck (benoorden Lies), de Landerumer Heide (boven Midsland) en vooral het natuurreservaat De Boschplaat zijn alle botanisch zeer interessant. (Zie een korte beschrijving van de Boschplaat onder Lies.) De polders rond Hoorn zijn rijk aan broedvogels, onder andere kievit, grutto, tureluur, gele kwikstaart en veldleeuwerik. In het plaatsje Hoorn zijn interessant: het romaans-gotische hervormde kerkje uit de 12e eeuw, het oudste kerkje van Terschelling en enkele fraaie 18e-eeuwse gevels van woonhuizen. In Lies staat de kaasboerderij Pieter Peitshoeve, waar rondleidingen worden gehouden en demonstraties kaasmaken en karnen worden gegeven. Het nabijgelegen Formerum is de geboorteplaats van Willem Barentsz, de ontdekkingsreiziger die in 1697 op Nova Zembla overwinterd heeft. De korenmolen is een aangename fietsstop. In dit plaatsje vindt u ook een cranberryfabriek en een wrakkenmuseum. Wie geen zin heeft in de drukte rond het Oerolfestival, of dit juist wel wil meemaken: dit theaterfestival vindt jaarlijks midden juni plaats. Voor informatie, zie www.oerol.nl.

SCHIERMONNIKOOG (FRIESLAND)

Seedune

Seeduneweg 2, 9166 RX Schiermonnikoog T 0519-531398 F 0519-531280
www.seedune.nl e-mail: info@seedune.nl
01/04 – 01/10 **geopend**
8 ha / 30 toeristische plaatsen **oppervlakte**

05

route De veerboot vanaf Lauwersoog brengt u naar het eiland. Voor niet-bewoners is het niet toegestaan auto's naar Schier te brengen. Vervoer van een vouwwagen of bagagewagentje moet tijdig worden gereserveerd bij Rederij Wagenborg (0519-349050). Op de aanlegsteiger staan taxi's en bussen klaar om u naar de camping te brengen, maar u kunt ook gaan fietsen. De camping ligt even ten noorden van het dorp, met de ingang aan de Badweg.

kampeerterrein Seedune is het enige kampeerterrein van Schier. Reserveren is dan ook aan te bevelen. Het uitgestrekte, afwisselende terrein is met gras en bosschages begroeid, nat duingebied biedt zeer ruime plaatsen, waarop alleen tenten en vouwwagens met een linnen kap mogen staan. Ook zijn er 19 ingerichte vijfpersoonstenten te huur. U deelt het gebied met konijnen en vrij brutale fazanten, die soms uit de hand komen eten. De voorzieningen zijn eenvoudig; ze omvatten onder meer een kantine met een haard en een kiosk voor vers brood en kleine boodschapjes. Voor de kinderen zijn er enkele houten speeltoestellen, een midgetgolfbaantje en een kleine kinderboerderij. Vlak achter Seedune ligt de Berkenplas, waarin gezwommen kan worden.

omgeving Schiermonnikoog is vrijwel in zijn geheel een Nationaal Park. Dat houdt onder andere in dat het eiland zo veel mogelijk autovrij is en dat er gedragsregels zijn voor de natuurrecreatie. Met een buswagen (de Eilander Balgexpres) kunt u de oostelijke eilandpunt (het Balg) bereiken. Verder zijn er huifkartochten en rondvaarten; met de ms Jafranka kunt u bijvoorbeeld naar de Engelsmanplaat), waarop u zeker zeehonden zult zien. Met zijn eindeloze kwelders lijkt het eiland geschapen voor wandelen en fietsen. Vogelliefhebbers komen het hele jaar door aan hun gerief, maar vooral in de trektijd. Zeldzame soorten als klapekster, roerdomp, smelleken, groenpootruiter en dwergstern komen hier voor. Het strand ten noorden van het dorp draagt de eretitel 'Breedste strand van Europa' en is schitterend. Op een deel ervan is naaktrecreatie toegestaan. Het enige dorp, dat ook Schiermonnikoog heet, is levendig, heeft ruim voldoende winkels en telt diverse prima restaurants en kroegjes. De gelagkamer van hotel Van der Werff bezit grote faam onder kroegtijgers. Er zijn voorts enkele kleine musea, waarvan het Rariteitenkabinet Gribus, Badweg 67a, eigenlijk niet kan worden overgeslagen.

SINT-JACOBIPAROCHIE (FRIESLAND)

't Kaatsgat

Oudebildtdijk 652, 9079 NA Sint-Jacobiparochie T/F 0518-401284
e-mail: info@minicampingkaatsgat.nl
geopend 15/04 – 30/09
oppervlakte 0,4 ha / 15 plaatsen

06

route Vanaf Leeuwarden richting Sint-Annaparochie. Bij de Stadhoudersweg rechtsaf, aan het einde linksaf. Dit is de Oudebildtdijk, nog 2 km doorrijden.Vanaf Harlingen richting Sint-Jacobiparochie. Rechtsaf, na 2 km over de brug links. Aan het einde van de Koudeweg linksaf.

kampeerterrein Gelegen op 1,5 km van het wad tussen Sint-Anna- en Sint-Jacobiparochie aan fietspad LF-route 10. Beschut grasterrein op 300 m van de weg, omzoomd door bomen, tussen landerijen en de Koude Vaart. De camping heeft uitzicht op boerenland. Via een doorgang in de bomenwal komt u op het fietspad of bij het viswater met steiger. Er is een nieuwe sanitairruimte en een campinghuisje als slechtweervoorziening. Er zijn zowel beschutte als zonnige plaatsen. Alle campingplaatsen hebben aansluiting voor elektra. Er worden ook tweepersoonskamers verhuurd. In de vaart kunt u een hengeltje uitgooien of een frisse duik nemen. Huurfietsen kunnen worden gebracht en gehaald.

omgeving De camping ligt op 4 km van de dorpen Sint-Anna- en Sint-Jacobiparochie met een uitgebreid winkelaanbod. Dit laatste dorp kreeg ooit bezoek van Rembrandt. Maar dat zal niet de reden zijn dat er in Het Bildt zoveel kunstenaars wonen. Een paar keer per jaar organiseren zij een kunstroute, maar ook op andere tijden kunt u bij de meesten terecht. Met behulp van het fietsroutenetwerk dat door Het Bildt loopt, kunt u eenvoudig een fiets- of wandelroute samenstellen langs stoere oude zeedijken en oude terpdorpen, bijvoorbeeld de Kerkenroute. Ook de Waddeneilanden zijn dichtbij. U rijdt in een half uur naar Harlingen, Holwerd of Lauwersoog om vandaar de veerboot te nemen.
Voor vogelaars is Noordwest-Friesland een oase. De buitendijkse kwelders en slikvelden zijn natuurgebieden met een uitzonderlijke flora en fauna. Jaarlijks foerageren circa 8 miljoen vogels op het Nederlandse deel van het Waddengebied: brand-, rot- en kolganzen, smienten, pijlstaarten, slobeenden, kluten, roze grutto's, tureluurs, wulpen, plevieren en bijna alle meeuwensoorten, terwijl ook een groot scala aan roofvogels te zien is.
Op de camping ligt de Uytlandgids voor u klaar, waarmee u excursies of uitstapjes kunt bedenken. De nabijheid van Leeuwarden, Dokkum, Franeker en Harlingen staat garant voor geslaagde culturele uitstapjes. Om dit waterrijke gebied beter te leren kennen: bij de Valbrug in Sint-Annaparochie is een kanoverhuur. Of doe de nabije Elfstedenvaarroute.

CORNJUM (FRIESLAND)

Martena-State

Swarte Singel 2, 9056 PN Cornjum T 058-2571861

eind maart – 31/10 **geopend**
0,5 ha / 15 toeristische plaatsen **oppervlakte**

07

route Neem van de weg Leeuwarden-Holwerd de afslag Cornjum. De historische buitenplaats Martena-State ligt op de terp onmiddellijk naast (ten oosten van) de hervormde kerk in Cornjum.

kampeerterrein Een schattig kampeerterreintje, op een terp, vlak naast de stins Martena-State, die een versterkte adellijke woning was. U kampeert hier te midden van een aantal prachtige oude beukenbomen, aan de rand van het vrij toegankelijke Cornjummer Bos. In zuidelijke richting is er een fraai uitzicht op de Friese weilanden. Het sanitair is eenvoudig maar verzorgd. U treft langs de fraaie lanen van Martena-State een rijke stinsenflora aan, waaronder helmbloem, wilde tulp, longkruid, daslook en krokus.

omgeving Cornjum (Fries: Koarnjum) ligt precies op de grens van het oude, grillige Friese terpenlandschap en het lege polderland van Het Bildt. Het wordt omringd door schilderachtige terpdorpjes als Stiens, Jelsum, Finkum, Britsum en Ferwerd. De vaak middeleeuwse tufstenen kerkjes met karakteristieke zadeldaktorens zijn een bezoek zeker waard.
Verder ligt Cornjum slechts even ten noorden van de historische stad Leeuwarden, geboorteplaats van Mata Hari en Slauerhoff en ooit residentie van de Friese Nassaus. Het fraaie oude centrum, met zijn vele grachten en diverse bouwstijlen, nodigt uit tot een wandeling. Het stadspark de Prinsentuin (De Koperen Tuin uit het boek van de schrijver Simon Vestdijk) ligt als een oase van rust op de restanten van de vroegere stadswal, vlak bij de scheve toren Oldehove. Aan de overkant van het water ziet u nog net het standbeeld van de ideale Friese koe, Us Mem.
Wie de smaak te pakken heeft van de stinsen en hun bijzondere flora kan in de omgeving op diverse plekken terecht, onder meer in Franeker (Martenahuis), Marssum (Popta-slot of Heringa-State), Veenwouden (Schierstins, de oudste van Friesland; circa 1300) en Leeuwarden (Papingastins, onderdeel van het Nederlands Keramiekmuseum Het Prinsessenhof).
Er loopt een fraaie fietsroute van Cornjum langs de Dokkumer Ee en niet ver ten oosten van het dorp komt u dan langs Bartlehiem, het beroemde Elfstedenknooppunt. Stap even af bij het beroemde bruggetje. Op zo'n 3 kilometer ten noorden van Cornjum ligt in Stiens het sportcomplex It Gryn met zowel een binnen- als een buitenzwembad.

OUDEMIRDUM (FRIESLAND)

De Waps

Fonteinwei 14, 8567 JT Oudemirdum, Gaasterland T 0514-571437
www.kampeerterreindewaps.nl e-mail: waps@planet.nl
geopend 01/04 – 31/10
oppervlakte 6 ha / 181 toeristische plaatsen

08

route Vanaf Heerenveen of Lelystad: tussen Lemmer en Balk, afslag Sondel, Nijemirdum. Volg in Oudemirdum de borden met De Waps. Vanaf de Afsluitdijk: A7 richting Bolsward, de N359 richting Workum/Koudum, afslag Oudemirdum, volg de borden met De Waps.

kampeerterrein Het boskampeerterrein is gelegen in de bossen van Gaasterland, in een natuurgebied van Staatsbosbeheer, op 500 m afstand van het pittoreske brinkdorp Oudemirdum en 1,5 km van het IJsselmeer. De ruim opgezette kampeerplaatsen bieden veel privacy en beschutting. Het bosperceel De Waps (verbastering uit het Fries voor wespennest) is in zeventig jaar uitgegroeid tot een bosrijk, glooiend kampeerterrein. Voor tentkampeerders biedt de camping speciale kampeerplaatsen, gelegen op terpen. Hier staan de tenten hoog en droog, zodat bij zware regenbuien geen overlast kan ontstaan. Door de bouw van de terpen kunnen er geen caravans staan, zodat een kampeerder niet tegen het polyester witgoed hoeft aan te kijken. Tot de goede voorzieningen behoren warme douches zonder lastige munten. Voor de kinderen zijn er een speeltuintje en een sportveld, in de zomer een licht animatieprogramma. U kunt gebruikmaken van een computer met internet. Het terrein heeft een eetgelegenheid en terras. Er zijn 5 trekkershutten, in de koudere maanden met verwarming. Tevens fiets- en skelterverhuur.

omgeving Gaasterland ligt in de zuidwesthoek van Friesland en het boskampeerterrein ligt in een van de schilderachtigste streken van de provincie. Het landschap is licht glooiend, met heuvels die ontstaan zijn in de IJstijd, en natuurlijke bossen, afgewisseld met akkerland, weilanden en meren. De vroegere keileemheuvels werden door de latere bewoners gaasten genoemd en zo kreeg de streek zijn naam. De zuidkant grenst aan de vroegere Zuiderzee, soms met hoge kliffen, wat een in Nederland ongezien landschap oplevert. Het streekinformatiecentrum Mar en Klif in Oudemirdum, met een tentoonstelling, is een goed startpunt voor de verkenning van de regio (april t/m oktober, ma t/m za 10.00-17.00 uur).
Dit deel van Friesland heeft behalve een schitterende natuur ook de historische schatkamers te bieden van plaatsjes als Workum, Hindeloopen, Stavoren en Sloten. Het Jopie Huisman Museum in Workum van de kunstschilder en oudijzerkoopman mag u niet missen, evenals het Friese Schaatsmuseum in Hindelopen. Ook het Woudestoomgemaal bij Lemmer is een bezoekje meer dan waard.

SINT-NICOLAASGA (FRIESLAND)

Blaauw

Langweerderweg 4, 8521 NE Sint-Nicolaasga T 0513-431361 F 0513-432631
www.campingblaauw.nl e-mail: info@campingblaauw.nl
01/04 – 31/10 **geopend**
1 ha / 30 toeristische plaatsen **oppervlakte**

09

route In de Vegilinbossen links van de weg van Sint-Nicolaasga naar Langweer, ongeveer 50 m voor de ingang van het veel grotere kampeerterrein annex bungalowpark Blaauw. Gelegen op 500 m van de LF 20a en 20b.

kampeerterrein LKC-natuurkampeerterrein Blaauw ligt midden in de Vegilinbossen op het landgoed Eysinga-State, dat naast bos ook weilanden en boerderijen omvat. Het huis van de familie Van Eysinga, nog steeds eigenaar van het landgoed, ligt op een steenworp afstand. De voorzieningen op het terrein zelf zijn beperkt tot toiletwagens en wasbakken, maar u kunt desgewenst gebruikmaken van de uitgebreide faciliteiten van de gelijknamige luxecamping iets verderop aan de andere kant van de weg. Om u te laten inschrijven, dient u zich overigens ook daar te vervoegen.

omgeving Sint-Nicolaasga is onderdeel van de plattelandsgemeente Skarsterlân (Scharsterland), de meest waterrijke gemeente van Friesland. Het westelijk deel ervan, waar meren, vaarten, rietlanden en veenweidegebieden het beeld bepalen, behoort tot het Friese merengebied, dat in de loop der eeuwen is ontstaan door het wegspoelen van de venige bovenlaag. De meren in het oostelijk deel van de gemeente, zoals het Tjeukemeer en het Nannewiid, zijn gevormd door het afgraven van de veengronden voor de winning van turf. In het moerasgebied ten westen van het Nannewiid groeien bijzondere plantensoorten en broeden zeldzame vogels. Bij Akmarijp, ten noorden van Joure, ligt het natuurgebied De Blaugerzen, een van de grootste blauwgraslanden van Nederland. Boswachters verzorgen rondwandelingen door dit gebied (neem contact op met Staatsbosbeheer in Oudemirdum, tel. 0514-571600).
Joure, de aantrekkelijke hoofdplaats van Skarsterlân, houdt het midden tussen een dorp en een stad en wordt daarom op z'n Fries aangeduid als een 'vlecke'. Het heeft een museum dat aandacht besteedt aan twee zaken die hun stempel op de plaats hebben gedrukt: koffie en klokken. Het hoofdgebouw herbergt een complete klokkenmakerswerkplaats, met een mooie verzameling antieke Friese stoeltjes- en staartklokken, en in de tuin staat het geboortehuisje van Egbert Douwes, de man die in 1753 in Joure een winkel in koloniale waren begon die zou uitgroeien tot een internationaal koffie- en tabaksconcern. Op de eerste verdieping van het hoofdgebouw is door de stichting Natuurhistorisch Museum een educatieve tentoonstelling ingericht.

ME
MELK

NOORDWOLDE (FRIESLAND)

De Meenthe

Jokweg 2, 8391 VE Noordwolde T 0561-432627
www.nivon.nl/meenthe e-mail: meenthe@nivon.nl
01/03 – 30/09 **geopend**
1,5 ha / 40 toeristische plaatsen **oppervlakte**

10

route Vanaf Noordwolde gaat u richting De Hoeve. Bij ANWB-paal 5109 moet u linksaf en dan meteen weer rechts. De bereikbaarheid met openbaar vervoer is beperkt, dat wil zeggen het is 2 km lopen vanaf de dichtstbijzijnde bushalte, De Gelde in Noordwolde, van bus 28 uit Wolvega.

kampeerterrein Het natuurkampeerterrein (korting voor NIVON-leden) maakt deel uit van een grotere camping met circa 40 plaatsen voor tenten, caravans en campers. Alle plaatsen liggen rond een vijver in een 4,5 ha groot, zeer beschut bosgebied, namelijk het Meenthebos, dat deel uitmaakt van de Friese Wouden, op de grens met Drenthe. Dit is het voormalige natuurzwembad van Noordwolde. De badhokjes zijn gebleven als voorziening. Er is een slechtweeraccommodatie; kinderen vinden er een zandbak, een speeltuintje en een volleybalveld, en er kunnen fietsen worden gehuurd. 'Het Droomhuis', een schuilhut voor maximaal 4 personen die voor maximaal 3 dagen kan worden gehuurd als slaapplaats en die kookgelegenheid biedt, staat enigszins apart.

omgeving Dit gebied heet Weststellingwerf en is heel trots op zijn eigen Friese dialect. Bos- en heidegebieden wisselen hier af met weilanden en boswallen. Fiets- en wandelroutes gaan langs een uitgebreid netwerk van goed onderhouden verharde en onverharde paden. Een heel mooie wandeltocht voert door het moerasveengebied De Rottige Meenthe. Ook zijn er in het gebied rond Noordwolde en Oldeholtpade bewegwijzerde paardrijroutes. Met de riviertjes de Linde, de Scheene en de Tjonger komen voor roeiers en kanovaarders fraaie beekdalen binnen bereik, die zijn aangesloten op de vaarwegen naar de omliggende dorpen. Noordwolde herbergt het Nationaal Vlechtmuseum (Mandehof 7) over de rietvlechtkunst, ook met hypermoderne ontwerpen. Het Grondvondstenmuseum van Noordwolde (Ds. v.d. Tuukstraat 26) toont de verrassende resultaten van een hobby: de metaaldetector. Hoofdplaats van Weststellingwerf is Wolvega, met zijn befaamde drafbaan (elke zaterdag vanaf 16.00 uur draverijen), Oudheidkamer Weststellingwerf (onder andere met standbeeld en wetenswaardigheden over Peter Stuyvesant, in 1610 geboren in het naburige Scherpenzeel) en de hervormde kerk met fameus Schwartzburg-orgel uit 1733, dat geregeld voor concerten wordt ingezet.

BOYL (FRIESLAND)

De Bekhofschans

Boekelterweg 15, 8392 TT Boyl T 0561-421454 F 0561-420656
www.bekhofschans.nl e-mail: info@bekhofschans.nl
geopend 01/04 – 31/10
oppervlakte 1 ha / 23 toeristische plaatsen

11

route Boyl ligt in de zuidoosthoek van Friesland, vlak bij de grens met Drenthe. Het kampeerterrein ligt ten noorden van het dorp, aan de weg Zandhuizen-Elsloo, die u bereikt door af te slaan van de weg Frederiksoord-Oldeberkoop of van de weg Oosterwolde-Wolvega. Aan LAW 1-1 Zevenwoudenroute.

kampeerterrein Een sfeervol, natuurlijk kampeerterrein (VNK) nabij Nationaal Park Het Drents-Friese Woud, in het stroomdal van de Linde en de Tjonger. U vindt hier veel rust en privacy op een aantal fraai omzoomde plaatsen, voorzien van elektriciteit. Verder is er een open kampeerveld. U kunt hier een fiets huren en ook het stallen van een paard (er is een eigen paard voor de kinderen) en/of huifkar voor de nacht kan. Voor kinderen is er een veilig speeltuintje. Er zijn voorts twee ruime kampeerhuisjes en een slechtweervoorziening. Het goed verzorgde sanitairgebouw beschikt over zonnecollectoren. Van oktober tot en met mei kunt u profiteren van een speciaal tarief; ook zijn er hemelvaart- en pinksterarrangementen. Louise Roos en Dirk Peters beheren dit terrein met gedrevenheid. Over alle details lijkt te zijn nagedacht en de flora en fauna op het terrein worden nauwlettend in het oog gehouden. Voor gasten is er een speciaal informatiestencil, waarin de 'bewoners' van De Bekhofschans worden voorgesteld. Vogels als Vlaamse gaai, boomkruiper, kerkuil, steenuiltje en winterkoning blijken hier geen onbekenden en ook vlinders als dagpauwoog, atalanta en landkaartje worden regelmatig gesignaleerd. Bezoekers zijn van harte uitgenodigd mee te speuren naar nog niet eerder geregistreerde 'bewoners'. De omringende houtwal telt een schat aan zeldzame en minder zeldzame bloemen en planten.

omgeving Het gebied rond Boyl leent zich uitstekend voor lange wandel- en fietstochten en het eerder genoemde informatiestencil doet u alvast enige suggesties aan de hand. U kunt bijvoorbeeld de oevers van het riviertje de Linde verkennen (ook per kano) of een bezoek brengen aan de overblijfselen van de 15e-eeuwse schans waaraan het kampeerterrein zijn naam dankt. Bij Elsloo ligt het natuurmonument Schoapedobbe, een fraai heidegebied met zandverstuivingen en een ondiepe poel, waarin vroeger de schapen werden gewassen. Het Drents-Friese Woud is een uniek, meer dan 6000 ha groot bos- en heidegebied, met een leuk Natuurmuseum te Wateren (Dr.).

BOYL (FRIESLAND)

De Boekelter

Boekelterweg 13, 8392 TT Boyl T 0561-421678 F 0561-421095
www.camping-boekelter.nl e-mail: postmaster@camping-boekelter.nl
01/04 – 31/10 **geopend**
0,5 ha / 15 toeristische plaatsen **oppervlakte**

12

route Op de N351 Wolvega-Oosterwolde, voorbij het tankstation BIM rechtsaf. Na het bruggetje over de Linde eerste kruising links, tot het witte huis aan de linkerkant met de gele borden bij de ingang, aan de weg Zandhuizen-Elsloo. Fietsers vanuit Drenthe via Boyl over de Kerkweg, die overgaat in een zandpad. Aan het einde links, de Boekelterweg, tot het eerder genoemde witte huis.

kampeerterrein Het beschutte terrein ligt op 75 m van de weg. Er zijn ruime, omzoomde, zon- en schaduwrijke plaatsen met watertappunt en elektriciteit. De kampeerplaatsen hebben veel privacy. Er is een slechtweerruimte met informatie. Voor wandelaars en fietsers geldt een speciaal tarief. De kampeerplaats wordt omgeven door de boswachterijen Appelscha en Smilde en vormt vanwege zijn afgelegen ligging een oase van rust. Stoeterij op loopafstand.

omgeving Zuidoost-Friesland, op de grens van Drenthe, vormt een prachtig wandel- en fietsgebied, met een typisch boswallenlandschap, bossen en heide. Deze camping is dan ook zeer geschikt voor liefhebbers van natuur, cultuur, rust en een weids landschap. Het is een goede locatie voor tochtjes in de omgeving, maar ook een fijne plek voor een langer verblijf. Nabij vindt u de riviertjes de Linde en de Tjonger. Er is een recreatieplas en een zwembad in het recreatiegebied Spokeplas te Noordwolde op 4 km. U kunt hier genieten van uitgestrekte bossen, veengebieden en zandverstuivingen. De Drentse hoofdstad Assen en het Friese Heerenveen liggen op niet al te grote afstand, evenals de Weerribben en het natuurgebied De Rottige Meenthe. In Wolvega vindt u bezienswaardigheden als het 18e-eeuwse Huize Lindenoord, het park De Nieuwe Aanleg, in de 19e eeuw aangelegd in landschapsstijl, en het Drafcentrum Wolvega. In westelijke richting, op het Zwiggelterveld, staat de Radiosterrenwacht, gebouwd bij het voormalige Kamp Westerbork, vanwaaruit in de Tweede Wereldoorlog mensen werden afgevoerd naar de concentratiekampen. Vanaf Hooghalen kunt u de bordjes Voormalig Kamp Westerbork volgen en bij het Herinneringcentrum parkeren. Daarna kunt u te voet uw weg vervolgen. Er zijn twee routes, eentje via een asfaltweg (in de zomer is er een buspendeldienst), de andere via het bos. Deze educatieve wandelroute gaat via het Melkwegpad, een schaalmodel van ons zonnestelsel. Bij elke planeet vindt u een korte uitleg. Het pad eindigt bij de eerste schotel van de WSRT en het fraaie uitzicht op nog twaalf schotels, figurerend in de film *De ontdekking van de hemel*.

LEENS (GRONINGEN)

Leenstertillen

Leenstertillen 1, 9965 TN Leens T 050-7074441 F 050-7074400
www.staatsbosbeheer.nl/doen/opvakantie/kamperen
e-mail: h.maring@staatsbosbeheer.nl
geopend 01/04 – 31/10 **oppervlakte** 0,6 ha / 20 toeristische plaatsen

13

route Het terrein ligt circa 1 km ten zuiden van Leens. Ga in het dorp van de weg Groningen-Lauwersoog af, richting Zuurdijk. Sla direct na de brug over het Hunsingokanaal links af (kruising Leenstertillen-Trekweg) en volg de borden. De camping ligt vlak bij het zogenaamde Wad- en wierdenpad (LAW 5-5).

kampeerterrein Het SBB-natuurkampeerterrein Leenstertillen draagt dezelfde naam als het natuurgebiedje waarin het ligt. Het is een zeer rustig kampeerterrein, bestaande uit drie veldjes beschut door een gemengd loofbos met oude populieren. Op de zeer eenvoudige camping staat een toilethuisje en u treft hier het karakteristieke zelfbedieningsadministratiesysteem 'IJzeren Hein' van Staatsbosbeheer aan. Paarden en huifkarren zijn in principe (na overleg) toegestaan. Rondom het terrein ligt een weidegebied in een kleipolderlandschap. Het Hunsingokanaal is een voormalige trekvaart.

omgeving De streek is ideaal voor kanovaarders en fietsers. Er zijn leuke uitstapjes mogelijk naar het Lauwersmeergebied en de zeehondencrèche in Pieterburen. De plaats Leens ligt oostelijk van het voormalige Lauwersmeer. De kern van Leens ligt op een terp of wierde. Daar staat ook de (deels) romaanse St.-Petruskerk, waarvan het schip dateert uit het begin van de 12e eeuw. De toren is in 1863 gebouwd. Het orgel uit 1734 is van Hinsz en elke zaterdag worden er, van mei tot oktober, concerten op gegeven.
Oostelijk van Leens, maar nog in de gemeente, staat de borg Verhildersum, een 14e-eeuws versterkt landhuis, dat van de 16e tot de 20e eeuw in het bezit was van de familie Tjarda van Starkenborch. Het is nu een museum, waarvan de vertrekken zo zijn ingericht dat het lijkt of de bewoners even weg zijn. Op zolder wordt Groninger klederdracht getoond; aan het voorplein staan het Koetshuis (met wisselende exposities) en het Schathuis (met daarin toprestaurant Schathoes Verhildersum). Verder is er een geometrisch aangelegde beeldentuin.
Ten westen van Leens ligt Ulrum, de plaats waar dominee Hendrik de Cock en zijn medestanders zich in 1834 afscheidden van de Hervormde Kerk, uit verontwaardiging over aantastingen van de oude gereformeerde leer. Het kerkje (uit de 13e eeuw; toren 15e-eeuws) is hervormd gebleven en vanbuiten duidt niets op de roerige tijd van De Cock, maar binnen zijn toch enkele parafernalia, zoals de Akte van Afscheiding, te zien. Opvallend in het interieur is verder de fraai gebeeldhouwde herenbank van het geslacht Asinga.

APPINGEDAM (GRONINGEN)

Camping Ekenstein

Alberdaweg 56-58, 9901 TA Appingedam T 0596-624467
www.campingekenstein.nl e-mail: info@campingekenstein.nl
31/03 – 30/09 **geopend**
3,5 ha / 45 toeristische plaatsen **oppervlakte**

14

route Vanaf de stad Groningen slaat u na 19 km over de N46 rechts af de Wirdummerweg in. Na 200 m linksaf de Rijksweg op, deze gaat na enkele kilometers over in de Albedaweg. De camping ligt ongeveer 2 km van Appingedam.

kampeerterrein De camping is gelegen aan het schilderachtige riviertje het Damsterdiep, direct naast het landgoed Ekenstein. Er zijn aparte velden voor tentkampeerders. De plaatsen zijn ruim opgezet, worden omzoomd door struiken en bomen en bieden veel privacy. Deze kleine, groene camping is op zich niet interessant voor kinderen. U vindt op het terrein geen speeltuin, zwembad, zelfs geen zandbak. De rust staat hier hoog in het vaandel en na 23.00 uur dient het ook zo stil te zijn dat iedereen die dat wil, kan slapen. Er zijn trekkershutten, gelegen aan een uitloper van de grote vijver, verscholen tussen het groen. Dit betreft drie vierpersoons- en drie achtpersoonsblokhutten, volledig ingericht, op linnengoed en slaapzakken na. Voor de hutten geldt: aankomst na 16.00, vertrek voor 11.00 uur. Het aangrenzende landgoed Ekenstein is een mooi wandelpark, waar u langs rustieke vijverpartijen kunt ronddwalen. Hier vindt u de historische borg Rusthoven en Ekenstein (thans hotel met een uitstekend restaurant).

omgeving Plat, kaal en saai? Dit denken veel mensen nog steeds wanneer het gesprek op Groningen komt. De eigenaren van camping Ekenstein, Ron en Elly Hofstede, afkomstig uit Gelderland, weten wel beter. Rust en ruimte zijn in Oost-Groningen nog gemeengoed. En de provincie biedt een veelzijdig aanbod aan kunst en cultuur, met monumentale boerderijen en uitzichten op oude wierdendorpjes. Langs kronkelige weggetjes en kerkenpaadjes waar u vrijwel geen verkeer tegenkomt, kunt u al dat moois gaan ontdekken. Of per kano, want er is in Groningen meer dan 800 km aan kanoroutes. De camping ligt slechts 2 km van het centrum van het middeleeuwse stadje Appingedam. In de historische stadskern zijn de hangende keukens, de Nicolaikerk en het museum Stad Appingedam een bezoek waard. In de naaste omgeving vindt u talloze andere (kleine) musea, zoals het Klokkengieterijmuseum, het Spoormuseum en het Kinderwagenmuseum. En het Groninger Museum mag u natuurlijk niet missen. Verder kunt u een bezoek brengen aan een van de vele borgen (kruising tussen kasteel en landhuis) die Groningen rijk is. De meeste zijn opengesteld voor het publiek en ze liggen vaak midden in een prachtig park, zoals de Fraeylemaborg in Slochteren of de Menkemaborg in Uithuizen.

LETTELBERT (GRONINGEN)

De Hondenhoek

Hoofdstraat 190/1, 9827 PD Lettelbert T 06-22054714
www.nivon.nl/hondenhoek e-mail: hondenhoek@nivon.nl
geopend 01/04 – 31/10
oppervlakte 1,5 ha / 34 toeristische plaatsen

15

route Van Midwolde (bij Leek), niet te verwarren met Wilwolda (bij Winschoten) komend, richting Oostwold, moet u in het dorp Lettelbert vlak voor de brug over het Lettelberterdiep rechts afslaan. Dan is het nog 200 m. Bus 88 vanaf NS-station Groningen stopt bij de halte Lettelberterdiep. Als u per auto komt, moet u deze parkeren bij het dorpshuis van Lettelbert.

kampeerterrein Het NIVON-kampeerterrein De Hondenhoek is met zijn vier ruime kampeervelden een vrij grote camping, waarvan een deel gereserveerd is voor natuurkampeerkaarthouders. Er zijn aansluitingen voor elektriciteit, maar niet op het natuurkampeerterrein. Van u wordt verwacht dat u meehelpt het sanitair schoon te houden. De directe omgeving is weelderig begroeid. In het Lettelberterdiep, voor de ingang, bezit de camping een eigen aanlegsteiger.

omgeving Niet ver van het kampeerterrein (1 km) ligt een zandafgraving met een speciaal speelstrandje voor kinderen. Het Leekstermeer ligt op slechts 500 m en hier zijn volop mogelijkheden om te zwemmen, te vissen, te kanoën (kano's zijn te huur), te zeilen en te surfen. De Lettelberter Petten (vrij toegankelijk) en de Oeverlanden Leekstermeer (niet vrij toegankelijk) zijn botanisch zeer waardevol en rijk aan zang- en weidevogels. De streek (Westerkwartier) is ook een uitstekend fietsgebied met mooie esdorpen. Mooi is de fietstocht naar Leek, en verder langs Roden en Peize de provincie Drenthe in. Op het terrein zijn fietsen te huur.
Een mooi natuurgebied is het vrij toegankelijke landgoed Nienoord bij Leek. Dit is een gebied met loofbossen en weiden, die omzoomd zijn door houtsingels. In het kasteel is het fraai ingerichte Nationaal Rijtuigmuseum gevestigd. De collectie bestaat uit wagens, rijtuigen en sleden van de 17e tot de 20e eeuw, en verder uit reisattributen, schilderijen en prenten.
In Midwolde, tussen Tolbert ('oude buurt') en Lettelbert ('kleine buurt') staat een interessante hervormde kerk uit de 12e-14e eeuw met zadeldaktoren. Het interieur is onkarakteristiek zeer rijk gedecoreerd. Tegen de oostwand staat het grafmonument (1665-1669) van Carel Hieronymus van In- en Kniphuizen, dat zijn weduwe, Anna van Ewsum, vrouwe van Nienoord, in wit en zwart marmer heeft laten vervaardigen door Rombout Verhulst. Een wandeling over de prachtige laan van de kerk naar het landgoed Nienoord is zeer aan te bevelen.

SCHILDWOLDE (GRONINGEN)

Wildemansheerd

Uiterburenweg 6, 9626 TJ Schildwolde T 0598-421547
www.wildemansheerd.nl e-mail: wildemansheerd@planet.nl
01/03 – 31/10 **geopend**
0,75 ha / 15 toeristische plaatsen **oppervlakte**

16

route Neem in Schildwolde, aan de weg Hoogezand-Appingedam, de afslag richting Ten Post. Na 2 km is het rechtsaf de Uiterburenweg in.

kampeerterrein Dit is een vervreemdende ervaring. Op een steenworp afstand van het Schildmeer ligt midden in het weidse agrarische land een groene oase met een eigen stuk bos. Onmiddellijk links van de ingang ligt het caravanterrein en verderop naast en achter de gebouwen van de boerderij strekt zich tussen de bosschages het natuurkampeerterrein uit. Allicht dat u er met uw tentje een beschut plekje vindt. Maar daar blijft het niet bij: volières, een hoogst opmerkelijke ruïnetuin in vervallen stallen, een sfeervolle theeschenkerij, speeltoestellen voor de kinderen, een grote tuinvijver – en overal opvallende planten en aaibare dieren. Op het woonhuis na wordt de rest van de gebouwen benut voor de kampeerders: daar zijn de slechtweervoorzieningen, de douches en de wasmachine. Bij de vijver is een klein barretje actief en de vriendelijke eigenaar, meneer Wildeman, zult u beslist enkele malen tegenkomen. Er zijn kano's te huur.

omgeving Dit is het natuurgebied Midden-Groningen, waar wilde plannen mee zijn, maar voorlopig is het nabijgelegen Schildmeer (350 ha) nog een rustig waterrecreatieoord tussen de dorpen Schildwolde, Overschild, Steendam, Siddeburen en Hellum, met nog zeer ongerepte oevers. Het is schoon zwemwater, waar je in je bootje kunt dobberen, surfen of hengelen. Aan de zuidoostkant staat een vogelobservatiehut en op diverse plaatsen kun je nog de oude sluisjes voor de turfschepen zien. De ingetogen dorpen bieden vooral kalmte, weinig misbaar. In de hervormde kerk van Siddeburen zijn soms concerten op het mooie orgel, de zaagmolen Fram in Woltersum is op zaterdagen vaak in bedrijf, wat een heerlijke geur verspreidt.
Toch valt er in de directe omgeving ook een zeer opvallend bouwkundig hoogstandje van de provincie Groningen te bewonderen: de Freylemaborg bij Slochteren. Men begon al in de middeleeuwen deze versterkte woning te bouwen, maar het is in zijn huidige uiterlijk 18e-eeuws. Het is nu een kasteel met dubbele slotgracht. Regelmatig zijn er tentoonstellingen of kunstbeurzen. Het parkbos erachter is deels vormgegeven als barokke (18e eeuw) en deels als Engelse landschapstuin (19e eeuw).

1582

BLIJHAM (GRONINGEN)

De Boschplaatse

Oosteinde 46, 9697 XH Blijham T 0597-561203 F 0597-562500
www.boschplaatse.nl e-mail: caderius@boschplaatse.nl
01/04 – 31/12 **geopend**
0,3 ha / 10 toeristische plaatsen **oppervlakte**

17

route Kampeerterrein De Boschplaatse ligt links van de weg Blijham-Rheede (Duitsland), bij hectometerbordje 2,7 (bushalte Voorwoldweg), achter het grote landhuis.

kampeerterrein De Boschplaatse is een fraaie, door hoog geboomte en beukenhagen omgeven kleine LKC-camping. Het kampeerterrein ligt in de oude, beschutte appelboomgaard van een voormalige buitenplaats met onder andere een kruidentuin en stinsenflora (dit zijn plantensoorten die worden aangetroffen op plaatsen waar vroeger een stins – een versterkt stenen huis – heeft gestaan, bij oude boerderijen en op oude kerkhoven). Het terrein, waaraan ook een vakantieboerderijtje is verbonden, ligt achter een groot 19e-eeuws huis. Tot de goede voorzieningen behoren schommels en speelgoed. Er zijn twee toiletten, twee warme douches en een aanrecht. U wordt ontvangen door de familie zelf.

omgeving Het plaatsje Blijham ligt zuidoostelijk van Winschoten op de grens van het Reiderland en de voormalige heerlijkheid Westerwolde. Aan het Oosteinde (naast De Boschplaatse) staan enkele karakteristieke monumentale boerderijen. Vroeger bestond Westerwolde, behoudens smalle stroken langs de rivieren de Ruiten Aa, de Mussel Aa en de Westerwoldse Aa, uit ontoegankelijk moerasgebied. Bij de vesting Bourtange, en later bij Oudeschans en Nieuweschans, lagen strategische doorgangen tussen Groningen en Duitsland. Het moerasgebied is van de 16e eeuw af systematisch verveend en ontgonnen. Op de zandruggen langs de rivieren ontwikkelden zich in de middeleeuwen esdorpen, zoals Wedde en Vlagtwedde. Ook op zandruggen in het moeras, de zogenoemde tangen, ontstonden nederzettingen, zoals Bourtange, Vriescheloo en Bellingwolde. Vanuit deze nederzettingen werd het omliggende veengebied in cultuur gebracht. In Westerwolde zijn er mogelijkheden te over om te wandelen en te fietsen. De weg langs de Ruiten Aa naar Ter Apel bijvoorbeeld is prachtig. Direct ten oosten van Blijham ligt een vrij toegankelijk jong loofbos met speelweiden, het Blijhamsterbos (24 ha). Bezienswaardig zijn de dorpen Wedde, het charmante vestingdorp Oudeschans en bij Onstwedde het oude Saksische gehucht Smeerling met zijn beschermde dorpsgezicht. Attracties apart zijn het geneeskrachtige bronnenbad in Nieuweschans en het historische Heiligerlee. De bloedige Slag bij Heiligerlee (1568) vormde het begin van de Tachtigjarige Oorlog. Museum Slag bij Heiligerlee (Provincialeweg 55) heeft er een tentoonstelling over.

RHEDERVELD (GRONINGEN)

Entourage

J. Buiskoolweg 20 (Rhederveld), 9699 TT Vriescheloo
T 0599-354433/06-27513661 www.ntourage.com e-mail: ntourage@planet.nl
geopend 01/04 – 31/10
oppervlakte 0,75 ha / 10 toeristische plaatsen

18

route Neem vanaf Winschoten de weg naar het Duitse Rheede en ga even voorbij Rhederbrug rechtsaf op de laatste weg voor de grens, richting Bourtange. Dan ligt de camping na 1 km aan uw rechterhand. Vanaf Bourtange volgt u de weg naar de grensovergang Bellingwolde-Rheede.

kampeerterrein Tuincamping Entourage ligt schitterend in het Westerwoldse niemandsland aan de Duitse grens, achter de voormalige boerderij De Ramhorst. Dit van oorsprong hoogveengebied is nu een welvarend agrarisch gebied; de achterzijde van de camping kijkt eindeloos uit over de velden. Het terrein zelf is groot genoeg en zo beplant dat u een plekje kunt kiezen waar u volstrekte rust hebt. Naast het huis ligt een fraaie tuin, die door eigenaresse en gastvrouw Debora Loning als hobby wordt onderhouden en steeds verder verfraaid. Het luxe sanitair heeft hotelkwaliteit. Het goed geoutilleerde keukentje kan tevens dienstdoen als slechtweervoorziening. In de koelkast vindt u elke dag verse scharreleitjes.

omgeving De schitterende omgeving begint al met de openbare weg: de Buiskoolweg is bekend om het prachtige openbaar groen; het is een van de weinige openbare wegen in Nederland die aangeplant zijn met bloeiende heesters zoals forsythia, boerenjasmijn, gele ranonkel, kornoelje en rododendrons. Verder staan er hulstbomen en taxus. Op wandelafstand treft u in een klein natuurgebied een vennetje aan, waarin u kunt zwemmen. Het nog nauwelijks ontdekte Westerwolde is een wandel-, fiets- en tourgebied met uitgestrekte natuur tussen aantrekkelijke dorpen en stadjes, zoals Vlagtwedde (waar onder meer een golfbaan ligt). De streek kent een uniek convenant ter bescherming van dagvlinders en libellen, tot behoud en herstel van hun populaties.
Een hoogtepunt van de streek is de indrukwekkende vesting Bourtange, op 6 km van Entourage. In 1580 gaf prins Willem van Oranje opdracht hier, in het moeras aan de grens met Duitsland, een schans te bouwen met vijf bastions. De verdedigingswerken werden gestaag uitgebreid en versterkt, maar verloren uiteindelijk toch hun functie, waarna ook het verval intrad. Eind 20e eeuw is de vesting volledig gerestaureerd, tot de pracht van haar 18e-eeuwse hoogtijdagen, inclusief vestingmolen, kruithuis, poorten en ophaalbruggen, en gerenoveerde 16e-eeuwse huizen. Museum De Baracquen in Bourtange toont de geschiedenis van de bouw, de actieve functie, het verval en de uiteindelijke restauratie.

MUSSEL (GRONINGEN)

De Linden

Musselweg 146, 9584 AJ Musse T 0599-454638
www.campingdelinden.nl e-mail: resimerskokken@hetnet.nl
01/04 – 30/09 **geopend**
3,5 ha / 20 toeristische plaatsen **oppervlakte**

19

route Camping De Linden ligt ten noorden van Mussel, links van de weg Musselkanaal-Onstwedde.

kampeerterrein Aan de rand van het mooie Westerwolde voert 'groene' camping De Linden zuivere lucht, rust en ruimte hoog in het vaandel. Houtsingels en bloemenborders scheiden de ruime plaatsen en dragen zorg voor optimale privacy. Voor de kinderen zijn er een dierenweide en een speelveld. Op het terrein is een bomenroute uitgezet van meer dan honderd verschillende bomen, en er zijn mooie tuinen. Ook is er een stacaravan te huur voor 4 à 5 personen. De eigenaars van de camping, de familie Mers, wijzen u graag de weg naar recreatiemogelijkheden en de middenstand in de buurt. Zij hechten verder zeer aan hun idyllische plek, die met veel liefde wordt verzorgd.

omgeving Het opmerkelijke, eenzame landschap van de veen- en zandgronden van Westerwolde is bij uitstek een gebied om per fiets te verkennen. Er zijn fiets- en wandelroutes uitgezet die men u op de camping graag ter hand zal stellen. Daarmee liggen ook stadjes als Bourtange (prachtig gerestaureerde vestingplaats met historisch Marktplein) en Ter Apel (met zijn verstilde 13e-eeuwse museumklooster vol religieuze kunst en kloosterhof met geurige kruidentuin) gemakkelijk binnen bereik. De boswachterij Westerwolde biedt fraaie wandelroutes.
Een auto-uitstapje brengt u net over de grens met Duitsland naar de stad Haren, waar de kinderen zonder twijfel dolgraag het recreatiepark Schloss Dankern (kasteel, speeltuin enzovoort) zullen bezoeken.
De stad in de buurt is Stadskanaal, een van de oudste veenkoloniën van de provincie, en genoemd naar het 'stadskanaal' dat de stad Groningen in 1754 aanlegde om de Groningse en Drentse veengebieden van elkaar te scheiden. Hier vindt u alle benodigde winkels en voorzieningen. Het is een plaats die zijn ontstaan dankte aan de harde tijden van het turfsteken, net als bijvoorbeeld Veendam. In beide plaatsen gedenken interessante musea die geschiedenis.
Behalve over de weg zijn Musselkanaal, Stadskanaal, Veendam en Wildervank ook verbonden door de museumspoorlijn S.T.A.R., wat een zeer nostalgisch tripje kan opleveren (april-december, dus ook winterritten!) in een wagon achter een van de zeven historische locomotieven, waarvan drie op stoom.

SELLINGEN (GRONINGEN)

De Papaver

Beetserweg 58a, 9551 VH Sellingen T 0599-324274
www.campingdepapaver.nl e-mail: info@campingdepapaver.nl
01/04 – 31/10 **geopend**
5 ha / 84 toeristische plaatsen **oppervlakte**

20

route Camping De Papaver ligt in de zuidoosthoek van Groningen, in natuurgebied de Sellingerbeetse, iets ten westen van het dorp Sellingen. Via Hoogeveen/Emmen of via Stadskanaal rijdt u naar Ter Apel. Daar gaat u richting Sellingen. Volg verder de borden Camping De Papaver.

kampeerterrein De milieuvriendelijke camping De Papaver ligt op een schiereiland in een 50 ha grote waterplas. In tegenstelling tot wat de luxe en het formaat van deze camping doen verwachten, zijn er geen vaste seizoensplaatsen, maar richt de leiding zich op kortkampeerders. Op gevarieerde kampeerveldjes kunt u terecht met tent, caravan of camper, verder van het water voor gezinnen met jonge kinderen of op aparte velden voor trekkers. Ook zijn er hutten voor trekkers te huur. Auto's zijn alleen toegestaan bij aankomst en vertrek. Er is een uitgebreid recreatieprogramma met broodbakken, aardappelpoffen, zandkastelen bouwen, vlotvaren, speurtochten en dergelijke, en daarnaast organiseert men workshops theater en djembé (trom). De camping gaat prat op zijn duurzame en energiebesparende voorzieningen. De campingwinkel verkoopt biologische producten.

omgeving In de zuidelijke punt van Oost-Groningen ligt natuurgebied Westerwolde, een coulisselandschap met beuken- en eikenbossen, heide en agrarische landerijen, afgewisseld met landelijke dorpen en gehuchten. Ook vindt u hier meanderende beekdalen. De Ruiten Aa slingert als een groen lint door de streek. Dit beekdal is het leefgebied van de ijsvogel geworden. In de oude bossen van Ter Apel zijn de zwarte specht en de boommarter thuis, de zilverreiger komt voor in de voormalige vloeivelden van Stadskanaal. Daarnaast vindt u in de Oost-Groningse natuur ook verscholen vennen, moerassen en getijdengebieden met veel rust- en picknickplaatsen en vogelkijkhutten.
In het natuurgebied rond De Papaver ligt een uitgebreid net van wandel- en fietspaden. Er zijn 27 met geel-witte plaatjes gemarkeerde routes uitgezet, grotendeels over onverharde paden. Delen van de route gaan door natuurgebieden waar geen voorzieningen zijn, dus neem vooral genoeg eten en drinken mee. De grote waterplas bij de camping is heel geschikt om te surfen en te zeilen.
Het Veenpark in Barger Compascuum en het Veenkoloniaal Museum in Veendam brengen u terug naar de wereld van turfstekers en strokarton. De vestingstad Bourtange dateert uit de Tachtigjarige Oorlog. Het Museumklooster in Ter Apel is gevestigd in een goed bewaard gotisch klooster uit de 16e eeuw.

SCHIPBORG (DRENTHE)

Schipborg

Schipborgerweg 1, 9467 TB Schipborg T 06-51852417
www.staatsbosbeheer.nl/doen/opvakantie/kamperen
geopend 01/04 – 31/10
oppervlakte 0,5 ha / 16 toeristische plaatsen

21

route Ten noorden van Anloo, aan de oude weg naar Schipborg, 1 km van Anloo af. Bij het witte huisje rechtsaf, daarna de borden volgen. Gelegen aan LAW 9-1 Pieterpad en aan LAW 201-1 Zwerfsteenpad.

kampeerterrein Een bosweide (SBB) in de prachtige omgeving van het reservaat Stroomdallandschap Drentse Aa. Het terrein beschikt over eenvoudige sanitaire voorzieningen en wordt omringd door enkele fraaie sparren. In het erachter gelegen bos bevinden zich grafheuvels en hunebedden. Mocht u zich afvragen wat de herkomst is van het ronde gat tussen de bomen bij de ingang: het is geen pingoruïne uit de ijstijd maar de vijver van een rond 1900 afgebrande villa. De huidige boswachterswoning was het koetshuis van die villa.

omgeving Niet ver van het kampeerterrein ligt een van de opmerkelijkste boerderijen van Drenthe, de in opdracht van de familie Kröller-Müller door H.P. Berlage ontworpen Schipborg. Het monument is helaas niet voor publiek toegankelijk.
De directe omgeving van het terrein is bijzonder rijk aan natuurschoon. In oostelijke richting strekt zich de glooiende Hondsrug uit, met zijn bossen, heidevelden en akkers. Ten westen ligt het stroomdal van de Drentse Aa, dat tot de fraaiste en minst geschonden landschappen van Nederland kan worden gerekend: het Nationaal beek- en esdorpenlandschap Drentsche Aa. In het pittoreske brinkdorp Anloo vindt u, behalve een aantal fraaie boerenhoeven, een karakteristieke kerk uit de 12e eeuw. Het is de oudste kerk van Drenthe. Ten zuiden van het dorp ligt het Pinetum Ter Borgh, een park met circa 300 soorten coniferen. Op het nabijgelegen Balloërveld (360 ha) hebt u gerede kans herder Albert Koopman met zijn kudde Drentse heideschapen tegen het lijf te lopen. De schaapskooi ligt even ten noorden van Rolde. Het gebied kent een rijke vegetatie, met onder meer struik- en dopheide, klokjesgentiaan en zonnedauw; zelfs adders komen hier nog voor. Ook in archeologisch opzicht is het gebied van belang. U vindt hier een flink aantal grafheuvels, een urnenveld en resten van prehistorische akkers, zogenoemde celtic fields. De karrensporen van de vroegere handelsroute Groningen-Coevorden, naast grimmige restanten van een tankgracht uit de Tweede Wereldoorlog, zijn nog duidelijk waarneembaar.
Op het terras van café-restaurant De Drentse Aa (Ruiterweg 2, Schipborg) kunt u heerlijk genieten van de traag stromende beek.

NIETAP (DRENTHE)

De Jarden

Meerweg 13, 9312 TC Nietap T 0594-512073 F 0594-519014
www.cnossenleekstermeer.nl e-mail: info@cnossenleekstermeer.nl
01/04 – 31/10 **geopend**
1 ha / 30 toeristische plaatsen **oppervlakte**

22

route Neem van de A7 Drachten-Groningen de afslag Leek, de N372 richting Roden. Van de A28 Zwolle-Groningen komt u op de N372 door bij Assen de afslag Vries te nemen, vervolgens de richting Peize, Roden, Leek. Bij Leek aangekomen is het de afslag Leekstermeer. Deze bereikt u ook per bus (uit Groningen of Assen) of fiets. Het terrein staat vervolgens duidelijk aangegeven.

kampeerterrein Elke plaats heeft zo'n 175 m^2, in apart beboste percelen met grassige ondergrond, voor optimale privacy. Het terrein is autovrij, maar staat ook caravans en kampeerwagens toe. Eigen elektra, riolering en een kraan. Er is een kampvuurplek. De Jarden is onderdeel van de grotere camping Cnossen Leekstermeer, op 100 m afstand, waarvan de vele faciliteiten kunnen worden benut. De afstand tot het Leekstermeer is 200 m. Dat is beschermd natuurgebied, met 200 ha water en rietkragen, waar echter wel windsurfen, zeilen, roeien en fluisterbootjes zijn toegestaan. Cnossen biedt lessen aan in deze diverse vormen van watersport, waarmee grotere kinderen zeer verguld zullen zijn.

omgeving Het gebied van de gemeente Noordenveld, waar Nietap toe behoort, kenmerkt zich door grote landschappelijke verscheidenheid: in het noorden de weidsheid van het Leekstermeer met daaromheen een polderachtig landschap met oude diepjes, houtwallen en -singels. In het zuiden vindt u zowel een van de oudste bossen van Nederland als zandverstuivingen. Bij de dorpen hebben de essen hier en daar hun eswallen nog bewaard. De gemeente heeft een goed onderhouden fietspadennet, ruiterroutes en veel wandelpaden. Er liggen drie hunebedden: bij Steenbergen, bij Westervelde en tussen Peest en Zeijen.
Ande NieDijk (Santeeweg 100 in Nietap) is een bezoekboerderij die van mei tot november allerlei activiteiten organiseert. Op dit biologische melkveebedrijf neemt natuur- en landschapszorg een belangrijke plaats in. Door jarenlang niet meer te bemesten, maar wel te maaien, ontstaan voedselarme vegetaties met zeldzame planten.
Het Nationaal Rijtuigmuseum en Familiepark Nienoord in Leek zijn heel leuk voor kinderen. Het eerste gaat over paarden en koetsen, en het familiepark biedt, behalve een mooi wandelgebied, een grote speeltuin en zwemkasteel met tal van attracties. Nienoord staat verder bekend om zijn miniatuurspoorwegen en om een tocht over het landgoed met de stoomlocomotief op zon- en feestdagen.

HOOGHALEN (DRENTHE)

Hooghalerzand

Oosthalen 1, 9414 TG Hooghalen T 06-51598182 F 0592-501404
www.staatsbosbeheer.nl/doen/opvakantie/kamperen
e-mail: e.thomas@staatsbosbeheer.nl
geopend 01/04 – 30/09 **oppervlakte** 1 ha / 12 toeristische plaatsen

23

route Ten zuiden van de weg Hooghalen-Amen (een deel van de weg Smilde-Grolloo) in het bosgebied Hooghalerzand. Sla tegenover nr. 1 het zandpad of fietspad in en volg verder de borden.

kampeerterrein Een van de mooiere kampeerterreinen van Staatsbosbeheer. Hier en daar staan picknicktafels opgesteld en het eenvoudige sanitair ziet er goed verzorgd uit. Er wordt wel van u verwacht dat u meehelpt het sanitair schoon te houden. Er is een nieuw toiletgebouw, maar het kenmerk is nog steeds: eenvoud en soberheid. De camping is een open terrein omringd door eikenbossen. Een ideale locatie voor wie rust en stilte zoekt. Vissen kunt u op 2 km, zwemmen in natuurlijk water op 5 km afstand.

omgeving De streek rond Hooghalerzand wordt gekenmerkt door uitgestrekte bossen, akkers en heidevelden, hier en daar afgewisseld door een uitgeveende plas, zandverstuiving of oude Saksische boerderij. Het gebied leent zich bij uitstek voor lange fiets- en wandeltochten. Niet ver van het kampeerterrein, op het Zwiggelterveld, ligt het voormalige Kamp Westerbork. Een bezoek aan deze beladen historische plaats, met zijn herinneringscentrum en stijlvolle monument, is een indrukwekkende ervaring. Even verderop staan telescopen van de Radiosterrenwacht opgesteld. Het educatieve pad De Melkweg voorziet u van tekst en uitleg over het heelal en de studie ervan. Even ten zuiden van Hooghalerzand ligt het dorp Beilen, met zijn oude korenmolen en laatgotische kerk. Het nabijgelegen Terhorsterzand valt op vanwege zijn prachtige, zeldzame jeneverbesstruiken. In het ten zuidoosten van Hooghalen gelegen museumdorp Orvelte, met zijn fraai gerestaureerde boerderijen, krijgt u een goede indruk van het Drentse plattelandsleven van weleer. Hier kunt u genieten van een onvervalste Orvelter kruidenborrel of een plak Drentse oldewievenkoek. De Drentse hoofdstad Assen, zo'n 4 km ten noorden van Hooghalen, heeft met het Drents Museum een belangrijke, niet te missen attractie binnen zijn grenzen. De collectie pre- en protohistorie is ongekend, maar ook de stijlkamers zijn aantrekkelijk. Iedereen valt voor de veenlijken, die mogelijk mensenoffers zijn geweest. De reconstructie van het hoofd van een van de veenlijken, 'het meisje van Yde', gaf nog niet zo lang geleden aanleiding tot de verkiezing van een heuse Miss Veenlijk. Voor het beeld van Bartje moet u in de formele tuin van het Drostenhuis zijn.

DWINGELOO (DRENTHE)

Lheederzand

Achter het Zaand 1 (Lhee), 7991 NG Dwingeloo T 0521-596606 F 0521-596608
www.staatsbosbeheer.nl/doen/opvakantie/kamperen
e-mail: h.timmerman@staatsbosbeheer.nl
begin april – 31/10 **geopend** 2,5 ha / 50 toeristische plaatsen **oppervlakte**

24

route Gelegen in de boswachterij Dwingeloo, aan de weg Dwingeloo-Spier, tussen Lhee en Spier, 4 km van de A28. Bij wegwijzer 3269 volgt u de bordjes. Het terrein ligt bij het Informatiecentrum Lhee van Staatsbosbeheer. Aan LAW 2-1 Drenthepad.

kampeerterrein Het Lheederzand is een ruim opgezet boskampeerterrein (SBB) in heuvelachtig gebied. Het maakt deel uit van het Nationaal Park Dwingelderveld. Tussen de dennenbomen vindt u een aantal picknicktafels, een kampvuurplaats en een zandbak voor de kinderen. De sanitaire voorzieningen zijn keurig maar eenvoudig. Help ze schoon te houden. Er zijn gescheiden velden voor tenten en toercaravans. Bij het Informatiecentrum van Staatsbosbeheer kunt u in het seizoen terecht voor fietsenverhuur en excursies onder leiding van de boswachter. De ruime opzet van het terrein maakt het misschien iets minder geschikt voor de absolute rustzoeker, maar wie verlangt naar een levendige omgeving in de vrije natuur, komt hier volledig aan zijn trekken.

omgeving Vanaf het terrein is een fraaie voettocht van ongeveer 7 km uitgezet; bij Spier loopt een voetpad dat speciaal is afgestemd op mindervaliden. Het omringende gebied vormt dan ook een waar fiets- en wandelparadijs, waar u bovendien volop kunt zwemmen en paardrijden. In het door Natuurmonumenten en Staatsbosbeheer gezamenlijk beheerde Nationaal Park Dwingelderveld, een van de laatste grote hoogveengebieden, vindt u zeldzame planten als de klokjesgentiaan, gevlekte orchis, zonnedauw, lavendelheide, en ook de adder laat zich hier af en toe zien. Het is goed te weten dat adderbeten zo goed als nooit voorkomen. Het landschap wordt bepaald door naaldbos, heidevelden en veenplassen, met hier en daar een grafheuvel of hunebed. Dwalend over de Dwingelose Heide loopt u de kans de herder met zijn schaapskudde tegen te komen. Aan de noordkant van het gebied staat de enorme schotel van de oude Radiosterrenwacht opgesteld.
De grootste attracties van het brinkdorp Ruinen zijn de schaapskooi en de 15e-eeuwse kerk, een overblijfsel van een vroeger benedictijnenklooster. Het beeldje van Lemmechien, het zusje van Bartje, staat midden in het dorp. In het al even fraaie dorp Dwingeloo vindt u een aantal prachtige oude havezaten en een van de mooiste brinken van Drenthe. Het uit de 12e eeuw stammende kerkje valt op door zijn karakteristieke toren met uivormige spits.

BORGER (DRENTHE)

Borger

Steenhopenweg 4 9533 PN Borger T 06-51852417

01/04 – 31/10 **geopend**
1,3 ha / 28 kampeerplaatsen **oppervlakte**

25

route Neem op de weg Borger-Rolde bij hectometerpaaltje 5,7 de afslag richting het Boomkroonpad. Volg dan de borden naar het natuurkampeerterrein.

kampeerterrein Een fraai gelegen, ruim opgezet kampeerterrein (SBB), dat direct aansluit op het meer dan 400 km lange netwerk van fietspaden in de provincie Drenthe. Het is gelegen in de boswachterij Borger, met vele wandel- en fietsmogelijkheden. Het SBB-kampeerterrein bestaat uit beschutte grasvelden omringd door bos en heide. Kampvuur in overleg. De kampeerplaats wordt omgeven door de boswachterijen Gieten, Borger en Schoonloo, en vormt vanwege zijn afgelegen ligging een oase van rust. In de naaste omgeving is gelegenheid tot zwemmen in zowel natuurlijk water als in een overdekt bad.

omgeving Het kampeerterrein ligt in de onmiddellijke nabijheid van een moerasgebied, dat zijn ontstaan dankt aan een slechte afwatering. Onder de oppervlakte liggen dichte keileemlagen en een opeenhoping van ijzeroer. Voor een eerste oriëntatie op de streek is het Houtvester Kühn-huis van Staatsbosbeheer, gelegen bij Papenvoort aan de weg Rolde-Borger, een goede tip. U kunt er een afspraak maken voor een excursie onder leiding van de boswachter (open juli en augustus, dagelijks van 09.00-21.00 uur, april, mei, juni, september en oktober, dagelijks van 10.00-17.00 uur). Hier vindt u tevens het Boomkroonpad: een niet te missen attractie waarbij u van onder de grond, bij de boomwortels, een 125 m lange klim maakt naar een hoogte van 22,5 m, boven de boomtoppen.
Het dichte netwerk van fiets- en wandelpaden in dit gebied staat garant voor urenlange zwerftochten door de natuur. Zo'n honderd jaar geleden graasden hier op de uitgestrekte heidevelden nog de schaapskuddes van omliggende esdorpen als Exloo, Gieten en Odoorn. Tegenwoordig wordt het karakter van de streek vooral bepaald door akkers en naaldbos, dat begin vorige eeuw in het kader van de werkverschaffing werd aangeplant. De houtopbrengst kwam vooral ten goede aan de woningbouw en diende tevens als stutmateriaal in de toen nog florerende mijnen. U geniet hier niet alleen van uitgestrekte bossen, veengebieden en zandverstuivingen, maar ook qua archeologie heeft de regio Borger veel te bieden. In de naaste omgeving liggen maar liefst elf hunebedden, waaronder De Onbesuysde Steenhoop, naast het Hunebedden Informatiecentrum. De Drentse hoofdstad Assen, met zijn winkels en museum, en het de laatste jaren sterk uitgebreide Emmen, met zijn Noorder Dierenpark, liggen nabij.

ODOORNERVEEN (DRENTHE)

't Haantje

Haantje 8, 7874 TK Odoornerveen T 0591-512302
www.thaantje.com e-mail: reserveringen@thaantje.com
geopend 01/04 – 31/10
oppervlakte 0,7 ha / 20 toeristische plaatsen

26

route Neem waar de provinciale wegen Drachten-Emmen en Assen-Coevorden elkaar kruisen de afslag Klijndijk en 't Haantje. Volg de borden. Het terrein ligt direct naast de brug over het Oranjekanaal. Gelegen aan LF 17; LF 14 op 3 km.

kampeerterrein 't Haantje (bij sommigen misschien nog bekend onder de vroegere naam Sokkie's Plantage) is een fraai gelegen kampeerterrein op het zuidoostelijke puntje van de Hondsrug, te midden van de boswachterijen Sleenerzand, Odoorn en Emmen. Er is een mooi, nieuw toiletgebouw. De beschut gelegen plaatsen zijn alle voorzien van een elektriciteitsaansluiting en per twee plaatsen is er een watertappunt met afvoerputje. De omringende houtwal is bijzonder rijk aan bloemen, vogels, vlinders en kikkers. 't Haantje maakt deel uit van een iets groter kampeerterrein (1 ha / 30 plaatsen); het andere deel is een boerderijcamping (VEKABO), waar een kampeerkaart niet verplicht is. Bij het kampeerterrein bevindt zich het dorpscafé, tevens pannenkoekenrestaurant. De familie Kok, die de scepter zwaait bij 't Haantje, doet zijn best om uw verblijf in deze mooie omgeving zo aangenaam mogelijk te laten verlopen.

omgeving Het kampeerterrein ligt direct aan het tussen 1853 en 1858 gegraven Oranjekanaal. Het kanaal werd in 1976 afgesloten voor gemotoriseerde scheepvaart en leent zich tegenwoordig uitstekend om te vissen of te kanoën (verhuur van kano's bij de camping). De streek biedt volop fiets- en wandelmogelijkheden (routes verkrijgbaar in het café) en kent behalve veel natuurschoon ook een aantal prehistorische en archeologische hoogtepunten, zoals grafheuvels, celtic fields en hunebedden.
Het nabijgelegen Emmen, een voormalig esdorp dat inmiddels is uitgegroeid tot de grootste gemeente van Drenthe, geniet grote bekendheid vanwege het Noorder Dierenpark, dat tot de modernste dierentuinen ter wereld gerekend kan worden. U vindt hier unieke attracties als het Biochron (met de prachtige tropische vlindertuin, de grootste van Europa) en de Hof van Eden (kassen met tropische cultuurgewassen). Een recente aanwinst is het Amerikahuis, een overdekt oerwoud met veel exotische bewoners.
In Barger-Compascuum, ten zuidoosten van Emmen, ligt het Nationaal Veenmuseum 't Oale Compas, met een tentoonstelling over de geschiedenis van het hoogveengebied en zijn ontginning.

SCHOONOORD (DRENTHE)

De Kijl

Kwekebosweg 5, 7849 TA Schoonoord T 0591-381324 F 0591-387034
www.staatsbosbeheer.nl/doen/opvakantie/kamperen
e-mail: f.heek@staatsbosbeheer.nl

01/04 – 31/10 **geopend** 1,2 ha / 33 toeristische plaatsen **oppervlakte**

27

route Gelegen ten westen van de weg Schoonoord-Schoonloo, op ongeveer 1 km van De Kiel. Daarvandaan de borden volgen. Een eventueel alternatief natuurkampeerterrein in Schoonoord is Mooi Drenthe, aan de Slenerweg.

kampeerterrein Een groot veld omgeven door loofbos, met hier en daar een bomengroepje. De Kijl (SBB) ligt in een fraaie omgeving met uitgestrekte bossen en heidevelden, waarop runderen en pony's grazen. Het terrein is ruim van opzet en u hebt de beschikking over eenvoudige sanitaire voorzieningen (help mee ze schoon te houden!). Voor jeugdige kampeerders zijn er schommels, een glijbaan en een voetbaldoel. Passanten kunnen altijd terecht bij een groepje bomen midden op het terrein. Vanaf De Kijl is een speciale voettocht uitgezet van 7 km. Zwemmen en vissen op 4 km; winkels op 3 km afstand.

omgeving U zit hier midden op het Drents Plateau in het hart van de provincie Drenthe. Het typische landschap in de omgeving van Schoonoord leent zich uitstekend voor een prachtige wandel-, fiets- of paardrijtocht. Onafzienbare bossen en heidevelden bepalen voor een groot deel het karakter van de streek. Opvallend zijn de prachtig aangelegde keienweggetjes in de boswachterij Sleenerzand. Bedenk echter dat de stenen stuk voor stuk werden verzameld bij het handmatig omspitten van de heide aan het begin van de 20e eeuw. Dat moet een loodzware klus geweest zijn! Niet ver van De Kijl ligt het Ellertsveld, ooit een onherbergzame streek met uitgestrekte heidevelden, zandverstuivingen en moerassen. Het gebied genoot destijds een twijfelachtige reputatie vanwege de legendarische reuzen Ellert en Brammert, die zich vanuit een donker hol op de heide voornamelijk bezighielden met het beroven van nietsvermoedende reizigers.
Tegenwoordig is de rust er weergekeerd en kunt u heerlijk ontspannen genieten van het fraaie landschap. Ook in cultureel opzicht komt u in de omgeving van Schoonoord aan uw trekken. De streek bezit een flink aantal hunebedden, waarvan de Papeloze Kerk op het Sleenerzand wel het bekendst is; dit hunebed is zo veel mogelijk teruggebracht in de originele staat, dat wil zeggen gedeeltelijk inclusief de dekheuvel, zodat u niet alleen het skelet van een hunebed ziet. In het Openluchtmuseum De Zeven Marken krijgt u een goed beeld van de bewoning en werkomstandigheden op het Ellertsveld omstreeks een eeuw geleden. Een authentieke plaggenhut toont op indringende wijze de armoede van weleer

MANTINGE (DRENTHE)

Voscheheugte

Mantingerdijk 8, 9436 PN Mantinge T 0593-552568
www.mantingerveld.nl e-mail: info@voscheheugte.nl
geopend 15/03 – 31/10
oppervlakte 0,7 ha / 15 toeristische plaatsen

28

route Neem vanaf de A28 Hoogeveen-Assen de afslag Spier. Via Wijster rijdt u door Mantinge richting Meppen. Het kampeerterrein ligt ongeveer 1,5 km buiten Mantinge aan de rechterkant. Gelegen aan LAW 9-1 Orvelteroute. De belbus lijn 37 Hoogeveen-Westerbork heeft een halte bij Theehuis Voscheheugte: tijdens de spits (ma-vr) vaste tijden, daarbuiten een uur van tevoren bellen.

kampeerterrein Rustig en fraai gelegen, met ruime plekken, direct aan het Mantingerveld, een natuurgebied onder beheer bij Natuurmonumenten. Het grote grasveld is aan de voorkant afgegrensd door bos, aan de achterkant door woeste veengrond. Er staan enkele bomengroepjes en het geheel geeft een heel beschut gevoel. Het sanitair is beperkt, maar goed onderhouden. Kinderen zijn van harte welkom en er zijn leuke gezinsdingen te doen, zoals een Speurneuzentocht per fiets door de natuur van Mantinge, Garminge en Balinge, maar voetballen op het terrein is verboden. Theehuis/petit-restaurant Voscheheugte, waar het terrein achter ligt, biedt naast een ideale slechtweeraccommodatie (open haard), drankjes, maaltijden en een tuinterras, ook interessante exposities.

omgeving Natuurmonumenten heeft op het Mantingerveld een 8 km lange wandeling uitgezet: Natuur in wording. Het Mantingerveld bestaat uit verspreid gelegen bos- en heidegebieden. Ertussen ligt voormalig bouwland dat door middel van natuurontwikkeling wordt omgevormd tot schrale vegetatie. Binnen enkele tientallen jaren ontstaat zo één groot natuurgebied, dat kansen biedt aan veel soorten vogels, insecten en reptielen. U kunt hier bijvoorbeeld veel grillig gevormde jeneverbesstruiken aantreffen; sinds 1970 wordt het Mantingerzand beheerd als jeneverbesreservaat. Verder zijn er loofbossen, stuifzanden, traditionele graanverbouw (rogge), die akkerkruiden als korenbloem en akkerviooltje weer een kans biedt, en heide. Het heideterrein is slechts een deel van het vroeger veel uitgestrektere Groote Veld. Het Plan Goudplevier (naar de heidevogel die al in 1937 als broedvogel uit Nederland verdween) wil dit heide- en vennengebied ten zuiden van Mantinge weer meer ruimte geven. Om de heide te behouden zijn schapen en hooglanders dagelijks in de weer.
De grotere plaatsen in de buurt zijn Hoogeveen en Coevorden. De eerste is vooral interessant om het winkelaanbod, maar Coevorden heeft bovendien een mooi stuk historie te bieden met zijn kasteel van circa 1200, bastions en stadswallen. Het museum Drenthe's Veste is gewijd aan de geschiedenis van Coevorden.

ZUIDWOLDE (DRENTHE)

De Bulte

Ten Arlo 5, 7921 VA Zuidwolde T 0528-371730
www.debulte.nl
01/01 – 31/12 **geopend**
1,2 ha / 20 toeristische plaatsen **oppervlakte**

29

route Neem vanuit Zuidwolde de Hoogeveenscheweg richting Echten. Sla na 500 m bij de stuw rechts af en volg de zandweg langs het water. Neem na 1 km het tweede zandpaadje links en volg de bordjes. Aan LF 08.

kampeerterrein Het ecologisch beheerde en zeer rustieke VNK-kampeerterrein De Bulte ligt in een bos aan de rand van de Ten Arloër es in de schilderachtige Drentse buurtschap Ten Arlo, iets ten noorden van Zuidwolde. Te midden van een gevarieerde beplanting met onder andere vruchtbomen en -struiken en wilde bloemen zijn 25 kampeerplaatsen ingericht voor tent, caravan en kampeerwagen. Een apart gedeelte van het terrein is gereserveerd voor fietsers en wandelaars. Op het woonerf staan een STN-trekkershut en twee comfortabele zespersoons-vakantiebungalows. Er zijn picknickbanken en een kampvuurplaats en u vindt er een weilandje met schapen en kippen en een paddenpoel.

omgeving De omgeving van Zuidwolde bevat alle elementen die kenmerkend zijn voor het Drentse landschap: stuwwallen, venen, heide, zandduinen, bossen, vennetjes en beken. De Bulte ligt aan het LF 08 en is een goed vertrekpunt voor korte of langere fiets- en wandeltochten, bijvoorbeeld naar het aangrenzende natuurgebied Klein Zwitserland of naar het Reestdal, een uniek natuur- en cultuurmonument ongeveer 10 km naar het zuiden, op de grens van de provincies Drenthe en Overijssel. De plaatselijke fietspaden bieden aansluiting op het Drentse fietspadennet, de wandelpaden sluiten aan op de knapzakroutes in Zuidwest-Drenthe en het Pieterpad.
U kunt in Zuidwolde een bezoek brengen aan het cultuurhistorisch museum De Wemme, waarin de Oudheidkamer Zuidwolde, het Nationaal Handkarrenmuseum, de Drentse Heemtuin met een beelden-, stenen- en mineralenverzameling en de 'Olde Smidse' zijn opgenomen. In hetzelfde gebouw is ook de edeltingieterij Tin-Art gevestigd, waar demonstraties worden gegeven in een authentieke 18e-eeuwse tingieterswerkplaats. Museumboerderij New Greenwich Village, eveneens in Zuidwolde, bezit een verrassende collectie 20e-eeuwse kunst, onder andere Eppo Doeve, Cees Bantzinger, Zadkine en Chagall.
Goede bestemming voor een dagtocht is het Planetron in Dwingeloo, waar u indrukwekkende rondomfilmvoorstellingen en planetariumshows in het 'ruimte-theater' kunt zien; er zijn sterrenkijkavonden, waarop u zelf gebruik mag maken van de telescoop in de sterrenwacht.

OOST-NEDERLAND

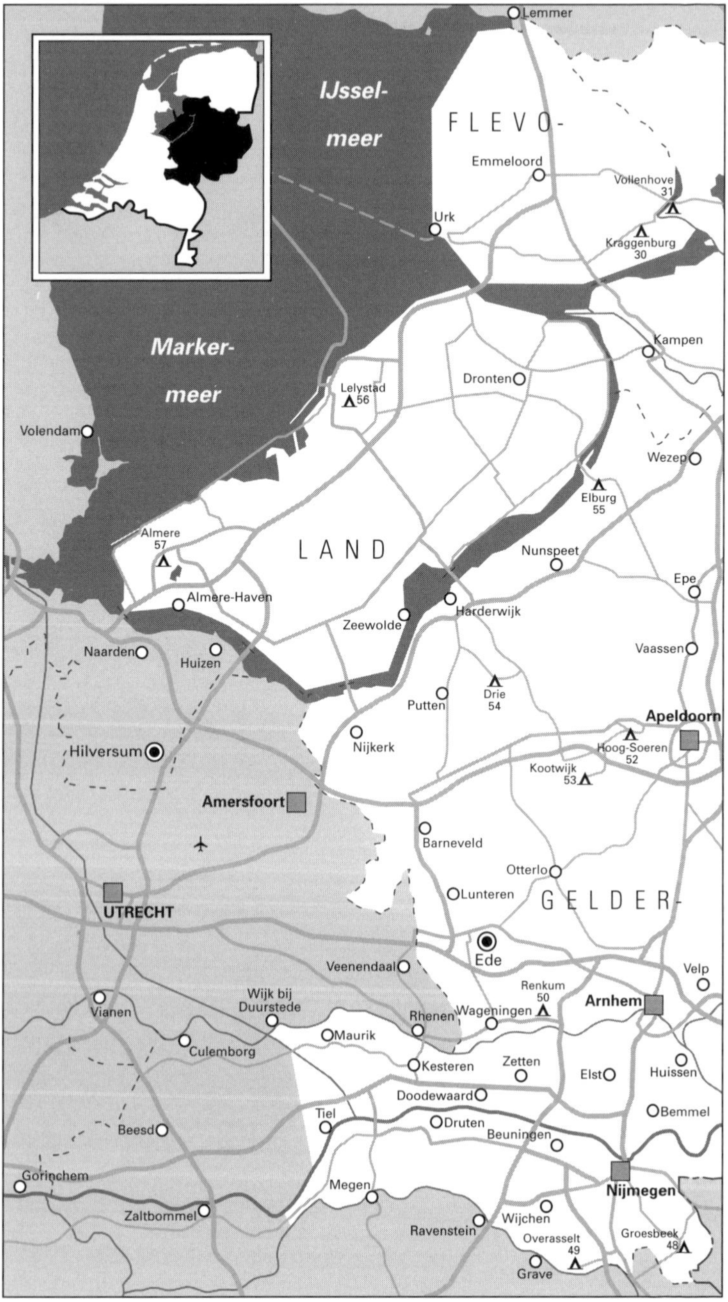

0
10
20 km
Steenwijk
Hoogeveen
Meppel
Coevorden
Punthorst
32
Emlichheim
Hasselt
Nieuwleusen
Dedemsvaart
Hardenberg
Zwolle
Dalfsen
Ommen
Beerze
38
Uelsen
Vilsteren
33
Hattem
Lemelerveld
34
Lemele
35
Vroomshoop
Bruinehaar
37
Nord-
horn
Heino
Ootmarsum
Vriezenveen
Heerde
Hellen-
doorn
OVERIJSSEL
Klinkenberg
36
Wijhe
Raalte
Wierden
Almelo
Denekamp
Beuningen
39
Welsum
41
Olst
Nijverdal
Wesepe
40
Borne
Oldenzaal
Rijssen
Deventer
Delden
Hengelo
Losser
Goor
Enschede
Markelo
Laren
42
Gronau
Gorssel
Lochem
Haaksbergen
Loenen
51
Zutphen
Borculo
Brummen
Eibergen
Ahaus
Vorden
45
Ruurlo
LAND
Groenlo
Vreden
Dieren
Hummelo
46
Rheden
Does-
burg
Zelhem
44
Lichtenvoorde
Halle
43
Winterswijk
Wehl
47
Doetinchem
Varsseveld
Zevenaar
Aalten
Ulft
's Heeren-
berg
Dinxperlo
Bocholt
Borken
Emmerich
Kleef

KRAGGENBURG (FLEVOLAND)

De Stiente

Kraggenburgerweg 21 8317 RG Kraggenburg T 0527-252570 F 0527-252570
www.natuurmonumenten.nl e-mail: k.althuis@natuurmonumenten.nl
geopend 01/03 – 01/11
oppervlakte 1 ha / 25 toeristische plaatsen

30

route Aan de Kraggenburgerweg (N352) tussen Vollenhove en Kraggenburg, tussen de hectometerpalen 1,0 en 1,2. Bushalte (lijn 78 Vollenhove-Marknesse) De Voorst aan de Leemringweg ligt op ongeveer 500 m.

kampeerterrein Het terrein bestaat uit drie grasveldjes midden in het Voorsterbos met ruime standplaatsen (waarvan 8 met elektra). Auto's zijn hier alleen toegestaan bij aankomst en vertrek. Er is een speelterreintje voor de kinderen, met zandbak en enkele speeltoestellen. Ook is er een kampvuurplaats. De werkschuur van Natuurmonumenten ligt op 100 m afstand. Hier kunt u fietsroutes krijgen of inschrijven op een excursie. Vissen en zwemmen kan op respectievelijk 0,5 en 2 km afstand.

omgeving Vereniging Natuurmonumenten houdt regelmatig excursies in het Voorsterbos en ook naar het nabijgelegen Vogeleiland in het Zwarte Meer. De waterrijke natuur van De Wieden (Natuurmonumenten) en Nationaal Park De Weerribben (Staatsbosbeheer) ligt vlakbij op mooie fietsroutes.
De Noordoostpolder, de oudste grote IJsselmeerpolder, biedt enkele opmerkelijke bezienswaardigheden, los van het klassieke polderlandschap met zijn kaarsrechte wegen en vergezichten. Vooral de voormalige eilanden Urk en Schokland zijn een bezoek waard, het tweede met het Museum Schokland (geologie en heemkunde), zijn karakteristieke kerkje en de Gesteentetuin in het Schokkerbos, het eerste met zijn levendige vissershaven (waar u ook heerlijk kunt eten), schilderachtige vissershuizen en hang naar traditie – op kleine schaal ziet u er nog de traditionele klederdracht. Het bijzondere dorp Nagele is in zijn geheel gebouwd in de jaren vijftig naar ontwerpen van de architectengroep De Acht en de Opbouw, met grote namen als Rietveld, Van Eyck en Van Eesteren, allen vertegenwoordigers van het Nieuwe Bouwen. In Museum Nagele (Ring 23) ziet u meer over de plannen en de realisatie van dit bijzondere bouwproject.
De overweldigende bloemenpracht van Orchideeënhoeve Luttelgeest (bij Emmeloord) moet u zich niet laten ontgaan. Beklim 's zomers de achthoekige Poldertoren van Emmeloord voor een geweldig uitzicht over het wijde polderland.
In Kraggenburg, dat zichzelf een 'groendorp' noemt, zijn voldoende winkels met basisbehoeften, maar Steenwijk of Emmeloord bieden ruimere mogelijkheden.

VOLLENHOVE (OVERIJSSEL)

De Oldenhof

Oppen Swolle 7, 8325 PE Vollenhove T / F 0527-241252
www.gastvrije-landgoederen.nl e-mail: sloet-oldenhof@freeler.nl
01/04 – 31/10 **geopend**
0,5 ha / 15 toeristische plaatsen **oppervlakte**

31

route Sla op de weg Zwartsluis-Vollenhove bij hectometerbordje 23,3 de Halleweg in. Rijd dan nog een eindje door tot de buitenplaats opdoemt. Aan LAW 8.

kampeerterrein De Oldenhof is een LKC-camping in optima forma. Het ovale terrein – in het midden staat een rododendronbosje naast een dikke berk vol heksenbezems – ligt in een prachtig bos met veel hoge eiken. Dit bos van ongeveer 12 ha is vrij toegankelijk voor wandelaars. Niet ver van het kampeerterrein staat een mooie, oude boerderij en daarachter een nog fraaiere havezate, omgeven door een slotgracht. De tuinen van het landhuis zijn beroemd: een oude adellijke gebruikstuin, moestuin, kwekerij en siertuin. Struiken, vaste planten en snijbloemen zijn in met buxushagen omheinde perken met elkaar gecombineerd. Wie het landhuis vanbinnen wil zien, kan misschien eens naar een concert in de serie Oldenhofconcerten gaan. Kampeerterrein De Oldenhof is gesloten in de week van Hemelvaart. Reserveren is niet mogelijk.

omgeving Vollenhove is een interessant stadje. Prominent aan de haven staat de Grote of St.-Nicolaaskerk, een gotische hallenkerk uit de 15e eeuw. Geregeld zijn er concerten, onder meer op het mooie orgel. Op het intieme Kerkplein staat het voormalige stadhuis, een sierlijk gebouw uit het begin van de 17e eeuw. Bezienswaardig is ook het tuinencomplex Marxveld, een cultuurtuin waarin een beeld wordt gegeven van de ontwikkeling van de tuinarchitectuur in de streek.
Tussen Vollenhove en Sint-Jansklooster ligt het Hoge Land van Vollenhove, een keileemrug (stuwwal) uit de laatste ijstijd. Het Geologisch Monument (stuwwalprofiel) toont overblijfselen van keileemkliffen en een smeltwaterdal. Verder naar het oosten en noorden (Waterland genoemd) liggen Nationaal Park de Weerribben (Staatsbosbeheer) en De Wieden (Natuurmonumenten). Deze gebieden zijn overblijfselen van een uitgestrekt laagveenmoeras, dat voor een deel is vergraven en ontgonnen, maar nog steeds uitgeveende trekgaten afwisselt met onvergraven ribben of legakkers. Dit landschap vertoont zeer veel variatie: open water, bos, houtwallen, rietland, grasland, ruigten en moeras, waaronder trilvenen. Planten- en dierenleven hebben een navenant unieke rijkdom. Aan de Hogeweg in Ossenzijl ligt het bezoekerscentrum voor de Weerribben. Dwars door dit gebied, langs de Kalenbergergracht, van Ossenzijl naar Kalenberg (het dorp waar de dichter J.C. Bloem woonde), loopt een fraai fietspad. Het bezoekerscentrum voor De Wieden ligt in Sint-Jansklooster, aan het Beulakerpad.

PUNTHORST (OVERIJSSEL)

De Dassenburcht

Vijverweg 5 (Punthorst), 7715 PX Staphorst T 038-4772734/06-55328359
F 038-47728 www.staatsbosbeheer.nl/doen/opvakantie/kamperen
e-mail: j.dammers@staatsbosbeheer.nl

01/04 – 31/10 **geopend** 0,75 ha / 25 toeristische plaatsen **oppervlakte**

32

route U vindt het terrein ten noorden van de weg Staphorst-Nieuwleusen in de boswachterij Staphorst, 500 m ten zuiden van de recreatievijver de Zwarte Dennen en circa 4 km van Nieuwleusen.

kampeerterrein SBB-kampeerterrein De Dassenburcht is een ovale open ruimte omringd door sparren met 8 standplaatsen en daarnaast nog 17 gescheiden plaatsen, aan de rand van boswachterij Staphorst. Het is hier rustig. In de weelderig begroeide boswachterij, waar bossen, heidevelden en vennen elkaar afwisselen, zijn rondwandelingen uitgezet. En de naam van het terrein is niet voor niets zo gekozen: er komen hier dassen voor. Op 500 m afstand ligt recreatieterrein de Zwarte Dennen met een speelvijver. Winkel op 5 km afstand.

omgeving In de boswachterij, een in botanisch en ornithologisch opzicht interessant gebied, liggen enkele natuurterreinen, zoals de veenplas Koolhaar, broedplaats van de zwarte stern, de Vierbergen, een heidegebied met veenplassen, de Ganzeplas, Zoere Grachten en Zwarte Venen, alle heidecomplexen met venen en plassen. Het boven IJhorst gelegen stroomdal van het riviertje de Reest, dat kilometerslang de grens tussen Drenthe en Overijssel vormt, is een landschappelijk en cultuurhistorisch waardevol gebied.
De kerken van Staphorst, Rouveen en IJhorst zijn niet te bezichtigen; de hier beleden vorm van calvinisme heeft weinig op met buitenstaanders. Opvallend zijn de vele 18e-eeuwse boerderijen langs de Oude Rijksweg en de Gemeenteweg; deze zijn veelal geschilderd in harde groene of blauwe kleuren. Meer dan 300 van deze boerderijen zijn tot beschermd monument verheven. In Staphorst zijn twee museumboerderijen te bezichtigen. Aan de Gemeenteweg ligt de Gemeentelijke Museumboerderij, een gerestaureerde 19e-eeuwse hoeve met stijlkamer, opkamer, melkkamer en een bedrijfsgedeelte met oude gereedschappen. In het bedrijfsgedeelte is ook de handweverij van de Stichting Staphorst ondergebracht. In de expositieruimte boven de slieten (balken) worden regelmatig tentoonstellingen gehouden. Aan de Muldersweg staat de Oud-Staphorster Museumboerderij, een 18e-eeuwse hofstede met in Staphorster stijl ingerichte stijlkamers en een tentoonstelling over Staphorster klederdracht. Overigens is nog altijd zo'n vijftien procent van de Staphorster bevolking de klederdracht trouw. Ook is het hier traditie om de jasbeschermers van de fietsen te versieren.

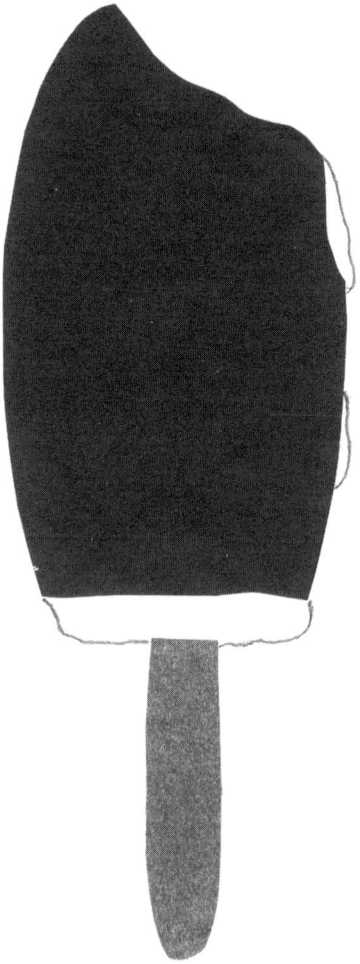

VILSTEREN (OVERIJSSEL)

Landgoed Vilsteren

Vilsterse Allee 3a, 7734 PB Vilsteren T 0529-458371 F 0529-460229
www.landgoed-vilsteren.nl e-mail: info@landgoed-vilsteren.nl
01/04 – 01/10 **geopend**
1 ha / 30 toeristische plaatsen **oppervlakte**

33

route Volg in Vilsteren, gelegen aan de zuidkant van de Overijsselse Vecht tussen Ommen en Dalfsen, de bordjes 'Landgoed Vilsteren' en sla de Vilsterse Allee in. Vervolg na 300 m bij een flauwe bocht naar rechts, bij de kerk, rechtdoor de zandweg tot het terrein.

kampeerterrein Op landgoed Vilsteren (LKC) ligt een aantrekkelijk en rustig boskampeerterrein, dat onderdeel uitmaakt van een grotere camping (totaal 70 plaatsen). In oktober kunt u hier uitsluitend kamperen na telefonische afspraak; daarbuiten is reserveren niet mogelijk. Honden enkel toegestaan indien aangelijnd. Goede sanitaire voorzieningen (onder meer stortplaats voor chemisch toilet en babywasplaats), ruime, idyllisch gelegen plaatsen. Het cultuurhistorisch en ecologisch waardevolle landgoed met bossen, heidevelden en cultuurgronden is vrij toegankelijk voor wandelaars. Het landgoed Vilsteren kan bogen op een oude historie, tot voor het jaar 700. Het huidige huis is in 1908 gebouwd, ontworpen door architect Eduard Cuypers. Het dorp rond landhuis, kerk met pastorie en oude herberg is uitgeroepen tot beschermd dorpsgezicht.

omgeving Het prachtige Sallandse landschap is een lust voor het oog. In de omgeving van Vilsteren liggen enkele zeer interessante natuurgebieden, zoals de boswachterij Ommen, landgoed Eerde, het Rechterense Veld en de Lemeler- en Archemerberg. De boswachterij Ommen, ten zuidoosten van de stad Ommen, beslaat het hogere gebied met gemengd bos, heide, vennen, stuifzand en bosmeertjes. Een 18e-eeuws kasteel met slotgracht en park vormt het middelpunt van het landgoed Eerde. Dit goed is vrij toegankelijk, met uitzondering van het terrein binnen de kasteelgracht. Het Eerder Achterbroek is een van de best bewaarde voorbeelden van een oud-Saksisch hoevelandschap. Natuurmonumenten organiseert hier excursies. Het landgoed Rechteren is eveneens vrij te betreden, behalve de naaste omgeving van het kasteel. Het prachtige gebied Lemeler- en Archemerberg maakt deel uit van de zogenoemde Overijsselse Heuvelrug. Glooiende heidevelden, waar hier en daar zeldzame jeneverbesvegetatie voorkomt, worden afgewisseld door stukken bos.
Tegenover Vilsteren ligt een stuw in de Overijsselse Vecht. De wandeling erheen is fraai. In de rooms-katholieke kerk van het kleine dorp Vilsteren hangen zeldzaam mooie kruiswegstaties. Even verderop langs de Vecht ligt de oude Hanzestad Ommen, een plaats met een oude en rijke historie.

LEMELERVELD (OVERIJSSEL)

SVR Camping de Vos

Vilstersestraat 28, 8151 AA Lemelerveld T 0572-371403
www.camping-de-vos.nl e-mail: info@camping-de-vos.nl
geopend 01/04 – herfstvakantie
oppervlakte 1 ha / 20 toeristische plaatsen

34

route Camping de Vos ligt midden in Overijssel, aan de rand van het dorp Lemelerveld, aan de N348 van Raalte naar Ommen.

kampeerterrein Het terrein bestaat uit twee delen: het eerste gedeelte is een mooie, rustige tuin met ruime standplaatsen, een grote sequoia, een vijver en veel privacy. Het ruime veld heeft in het midden een speeltoestel voor kinderen, de tenten staan aan de rand. De Paardenbak biedt plaats aan campers. Vanaf dit laatste veld hebt u vrij uitzicht over de landerijen, met op de achtergrond de Archemerberg en de Lemelerberg. Alle plaatsen hebben stroom. Zowel de tuin als het veld zijn autovrij – de auto kan geparkeerd worden op de daarvoor bestemde plaatsen. De sanitaire voorzieningen, zandbak en de recreatieruimte liggen tussen de tuin en het veld. In de recreatieruimte zijn onder meer een pingpongtafel, een klein biljart, een dartbord en gezelschapsspelen te vinden. Camping de Vos wordt vooral bezocht door jonge gezinnen, die wellicht worden aangetrokken door de talloze vrij beschikbare skelters en fietsjes of de vuurkorven waarboven gezamenlijk marshmallows worden geroosterd. Een SVR-camping staat voor 'kamperen bij de boer'. Camping de Vos hoort bij boerderij Zorg en Hoop, een modern melkveebedrijf met zo'n 250 koeien, kalveren en jongvee. Uiteraard kunt u hier een kijkje nemen en misschien zelfs een handje helpen.

omgeving Natuurreservaat Lemelerberg, ten noordoosten van het dorp, bestaat uit de Lemeler- en de Archemerberg. Op de Lemelerberg zijn twee wandelingen uitgezet. Het startpunt is bij een parkeerplaats aan de Ledeboerweg in Lemele, 6 km verderop. Een korte wandeling (2 km) wordt aangegeven door blauwe paaltjes, terwijl de gele paaltjes een route van 3,5 km markeren. Allebei voeren ze de wandelaars langs de mooiste plekjes van de berg. De parkeerplaats aan de Oude Raalterweg (na 2 km over de N348 in noordelijke richting rechtsaf; borden volgen) is het startpunt voor wandelingen over de Archemerberg. De rode route is 4 km lang; de Bronnenroute van 7,5 km wordt aangegeven door groene paaltjes. Fietsers kunnen de Archemerroute van 47 km rijden. Het hoogste punt van de Archemerberg is een ideale plek om vogels te observeren: buizerd, raaf en korhoen worden regelmatig gespot.
In de omgeving liggen diverse landgoederen en kastelen, zoals Het Nijenhuis in Wijhe. In Balkbrug vindt u een biologische kruidentuin, in Gramsbergen een botanische vijvertuin. Ommen is een gezellige, oude Overijsselse Hanzestad.

LEMELE (OVERIJSSEL)

De Olde Lucashoeve

Kerkweg 30, 8148 PZ Lemele T 0572-331246
01/03 – 31/10 **geopend**
1,5 ha / 30 toeristische plaatsen **oppervlakte**

35

route Te vinden aan de oude route R104, die een tijdlang parallel loopt aan de N347 tussen Ommen en Nijverdal. Sla op tijd af, op indicatie van de gemeentelijke informatieborden en ANWB-wijzers. Gelegen nabij Pieterpad, Overijsselpad en NIVON-pad.

kampeerterrein Prachtig VNK-terrein op de Overijsselse Heuvelrug, tussen de bomen, achter en naast een oude boerderij. Er is veel ruimte voor elke kampeerder, met aparte trekkers- en caravanvelden. De eigenaars is er veel aan gelegen het de logees naar de zin te maken en dat merk je onder meer ook aan het prima sanitair. Een bijzonderheid: honden zijn weliswaar streng verboden, maar iedereen die komt, is het toegestaan zijn poes mee te nemen! De buurman onderhoudt een golfbaan – voor de liefhebbers.

omgeving De Overijsselse of Sallandse Heuvelrug, een in het landschap duidelijk herkenbare, 4 tot 7 km brede stuwwal uit de ijstijd, met hoogten boven 75 m, vormt de natuurlijke grens tussen twee delen van de provincie Overijssel: Salland in het westen en Twente in het oosten. Ten zuiden van Lemele zit in de heuvelrug een 3 km brede engte, waardoor het Overijssels Kanaal is aangelegd en waar landbouwgronden liggen, maar verder is het gebied volledig bedekt met uitgestrekte, zeer fraaie bossen en heidevelden. Letterlijke hoogtepunten zijn de Lemelerberg (48 m) en de Archemerberg (76,5 m), die u bij een van uw tochten in deze heerlijke omgeving toch eens moet beklimmen. Er zijn parkeerplaatsen, ruiter- en fietspaden en er zijn hier wandelingen uitgezet door het stuwwallandschap, respectievelijk 2 en 3,5 km op de Lemeler- en 4 of 7,5 km op de Archemerberg. Een kudde van ongeveer 400 schapen (bezit van Landschap Overijssel) graast beurtelings op de Lemeler- en de Archemerberg en houdt er de heide in stand. Het hoogste punt van de Lemelerberg wordt op die manier kaal gehouden en vanaf dit punt hebt u een schitterend uitzicht over de omgeving. Voorbij de top ziet u beneden in het dal enkele zandverstuivingen, die deels zijn vastgelegd door jeneverbessen. Wandelaars kunnen met een beetje geluk een ree, vos of steenmarter zien wegschieten en ook zitten er bijzondere vogels, zoals de raaf en het korhoen, en 's winters de klapekster. Het hoogste punt van de Archemerberg is een ideale plek om de vogeltrek waar te nemen. Het riviertje de Regge is heerlijk om te kanoën.

KLINKENBERG (OVERIJSSEL)

De Klinkenbelt (Hellendoorn)

GPS-coördinaten X225.896 / Y487.688 / N52.22232 / E6.25435
Voor meer informatie: Bezoekerscentrum Sallandse Heuvelrug
Grotestraat 281 7441 GS Nijverdal T 0548-612711
01/01 – 31/12 **geopend** 0,03 ha / 3 toeristische plaatsen **oppervlakte**

E 36

route Het terrein is uitsluitend te voet of per fiets bereikbaar. Volg uit Nijverdal de parallelweg langs de N35 richting Zwolle. Ga na 1 km via de tunnel onder de spoorlijn door, na 200 m (tegenover de afrastering van Huize Klinkenbelt) linksaf langs de slagboom. Als u over het Pieterpad komt, staat aan de Klinkenbergweg ter hoogte van de afrastering rond huize Klinkenbelt een bordje.

kampeerterrein De Klinkenbelt is een 'paalkampeerterrein' op een open plek in een bos waar u 'wild' mag kamperen. Staatsbosbeheer heeft wel enkele regels opgesteld. Er mogen maximaal drie trekkerstenten tegelijk staan, binnen een straal van 10 m van de paal. Zo wordt het bos ontzien. U mag ten hoogste drie dagen blijven staan. Het bos biedt voldoende beschutting, maar er is ook een plekje in de zon. Vanwege het vele groen is open vuur verboden. Het water uit de pomp is geschikt om mee te koken of u te wassen, maar drink het niet ongekookt. Neem bij vertrek uw afval mee, want het wordt niet opgehaald.

omgeving Dit paalkampeerterrein ligt aan het Pieterpad, ten noordwesten van Nijverdal, in het noorden van Nationaal Park de Sallandse Heuvelrug. De heuvelrug is een stuwwal die is ontstaan in de voorlaatste ijstijd, ruim 150.000 jaar v.C. De uitgestrekte bossen en de centrale open heide bieden goede mogelijkheden voor wandelen, fietsen en paardrijden. De heide is in verband met het broedseizoen van 15 maart tot 15 juli gedeeltelijk afgesloten in het leefgebied van het korhoen. In Nederland is de Sallandse Heuvelrug de enige plaats waar nog een levensvatbare populatie korhoenders voorkomt.
De meeste wandelroutes die zijn uitgezet liggen ten zuiden van het kampeerterrein; enkele vertrekken vanuit het bezoekerscentrum of van parkeerplaatsen in Nijverdal. De lengte varieert van 3 tot 7 km. Het Speelbospad van 1,2 km is gericht op kinderen. Het voert langs een dassenburcht, slenken en zandhagedissen, terwijl onderweg een klimboom, hangbrug en slingertouw kunnen worden bedwongen. Ook vindt u tussen Hellendoorn en Holten 48 km aan mountainbikepaden, met flinke hoogteverschillen. De tocht brengt u over uitgestrekte heidevelden.
Landgoed Schuilenburg in Hellendoorn is een heringerichte kasteeltuin met een authentiek bouwhuis en een sagenschuur.

BRUINEHAAR (OVERIJSSEL)

Erve de Meester

Gravenlandweg 27, 7675 TB Bruinehaar T 0546-681343
www.erve-de-meester.nl e-mail: 0.h.simmelink@planet.nl
geopend eind april – 31 augustus
oppervlakte 1,2 ha / 15 toeristische plaatsen

37

route Sla op de N343, Hardenberg-Tubbergen, ter hoogte van Langeveen af richting De Pollen/Vriezenveen. Het terrein ligt dan na 600 m aan uw rechterhand.

kampeerterrein De VNK-camping Erve de Meester is een landelijk gelegen, ruim, met bomensingels en veel privacy bemeten kampeerterrein naast en achter een voormalige boerderij. Er zijn een buitenmanege en een weidegang voor uw eigen paard. De prima slechtweeraccommodatie biedt een kachel, een koelkast en spelletjes. Hoewel het terrein toegankelijk is voor campers en caravans, moet u er rekening mee houden dat de elektriciteitsvoorziening zeer beperkt is. Gelegen nabij LF 18 a/b (op 3 km) en op 700 m van een recreatieplas.

omgeving De fiets- en wandelmogelijkheden in het doodstille Nederlands-Duitse grensgebied zijn talloos. De campingeigenaresse, mevrouw Simmelink, stelt u graag op de hoogte van routes. Het terrein ligt tussen Staatsnatuurmonument De Engbertsdijksvenen en het landgoed De Bruinehaan, dat toebehoort aan de graaf Van Rechteren-Limpurg. Wetland De Engbertsdijksvenen, een grotendeels vergraven hoogveengebied van bijna 1000 ha, is sinds 1953 in beheer bij Staatsbosbeheer, dat de natuur weer zo veel mogelijk laat herstellen. Het zeer kwetsbare gebied is maar deels toegankelijk, maar biedt een weelde aan flora en fauna en dan vooral vogels. Het gebied is min of meer omsloten door hoger gelegen zandopduikingen (tastbare overblijfselen uit de ijstijd), die in de volksmond 'haren' heten, waarnaar veel plaatsen in de buurt genoemd zijn, zoals Kloosterhaar, Westerhaar en Bruinehaar. Op de noordelijke wandelroute door de Engbertsdijksvenen ligt zo'n zandbult, die een prachtig uitzicht over het hele gebied verschaft. Er rijdt een smalspoortreintje door het reservaat, niet meer als vroeger met turf, maar met gasten van Staatsbosbeheer. Informeer naar de beschikbaarheid en de rijtijden (tel. 0523-241453).
Het grotere dorp in de omgeving is Vroomshoop, met een mooi Van Dam-orgel (1900) in de hervormde kerk. Het nabijgelegen Vriezenveen biedt alle gewenste winkels en faciliteiten, en enkele interessante musea, waarbij vooral het kachelmuseum Fini's Hoeve (Westeinde 12) opvalt, met een collectie van 400 kachels, de grootste van Nederland. Museum Oud Vriezenveen (Westeinde 54) herinnert onder meer aan de textielfabriek Jansen & Tilanus.

BEERZE (OVERIJSSEL)

De Roos

Beerzerweg 10 (Beerze), 7736 PJ Ommen T 0523-251234 F 0523-251903
www.camping-de-roos.nl e-mail: info@camping-de-roos.nl
01/04 – 30/09 **geopend**
1,5 ha / 26 toeristische plaatsen **oppervlakte**

38

route Volg vanaf Ommen de weg naar Mariënberg (R 103); het terrein ligt op 7 km van Ommen bij hectometerpaaltje 6,4.

kampeerterrein Qua karakter is eigenlijk de hele camping (27 ha / 285 plaatsen) een natuurkampeerterrein, maar op het kleine, knusse deelterrein (21 plaatsen plus een trekkersveldje) waarvoor het bezit van een natuurkampeerkaart nodig is, gelden scherpere regels: het gehele seizoen autovrij, geen seizoensplaatsen en geen onbewoonde caravans of tenten. Het zeer rustig gelegen veld wordt door bomen omsloten. Geprobeerd is het terrein zo veel mogelijk te laten aansluiten bij het oude rivierduinlandschap waarin het ligt. De Vecht stroomt langs het terrein, een zijarm van de rivier loopt er midden overheen. In de zijarm is een gedeelte afgezet zodat er een ondiep zwemgedeelte beschikbaar is voor kleine kinderen. Er is ook een strandje. De natuurkampeerder kan uiteraard meeprofiteren van de voorzieningen van camping De Roos: kiosk, recreatieruimte, terras, zwemvoorzieningen. Een opvallende voorziening is de natuurvoedingswinkel. Het georganiseerde vermaak beperkt zich tot nu en dan een poppenkastvoorstelling. Er staan enkele bungalowtjes voor de minder doorgewinterde natuurliefhebbers. Fietsenverhuur.

omgeving Het Beerzepad is een wandeling van 11 km rond het dorp Beerze: heide, es en parkbos. Het Overijssels Landschap beheert het 397 ha grote natuurgebied Beerze, met heide, veenputten, bossen en zandduinen. Onder meer de zwarte specht komt hier voor. Ook wordt hier een oud Saksisch boerderijtje met traditionele landbouwgronden onderhouden. De wijdere bosrijke omgeving leent zich voor lange fietstochten en wandelingen.
Ommen is het regionale centrum. In het Cultuurhistorisch Museum Oudheidkamer en Streekmuseum (in molen Den Oordt) zijn fossielen, mineralen en gesteenten, prehistorische voorwerpen en oude Ommer gebruiksvoorwerpen en meubels te bezichtigen. Immers, al in de steentijd was er een nederzetting bij de doorwaadbare plaats aan de Vecht waaruit Ommen groeide. Opvallend is verder het Nationaal Tinnen Figuren Museum (Markt 1), waar ontelbare (letterlijk honderdduizenden) gegoten tinnen figuurtjes te zien zijn.
Ook Hardenberg en Dedemsvaart hebben hun oudheidkamer, met vooral voorwerpen van traditionele ambachten als vlasverwerking, turfsteken en kalkbranden.

BEUNINGEN (OVERIJSSEL)

Olde Kottink

Kampbrugweg 3, 7588 RK Beuningen T 0541-351826
www.campingoldekottink.nl.nl e-mail: info@campingoldekottink.nl
geopend 01/04 – 30/09
oppervlakte 1 ha / 16 toeristische plaatsen

39 

route Vanaf de A1 Hengelo-Oldenzaal neemt u de afslag De Lutte. In De Lutte rechtsaf richting Beuningen. Na circa 5 km staat de camping aangegeven. In een flauwe bocht naar links gaat u rechtsaf en dan na 50 m links. Vanaf de N342 Oldenzaal-Denekamp neemt u de afslag Beuningen en bereikt u eerdergenoemde bocht ongeveer 1 km na Beuningen. Gelegen aan LAW S2.

kampeerterrein 'Verslingerd aan de Dinkel', zo omschrijven de eigenaars dit terrein zelf. Het natuurkampeerterrein maakt deel uit van een 6 ha grote camping (totaal 90 plaatsen) aan het lieflijke riviertje de Dinkel. Er zijn veel voorzieningen (onder andere elektra en water voor alle plaatsen, modern sanitair, wasserette, koelkast, vriezer, magnetron, kookgelegenheid voor trekkers, vuurkorven, speeltuintje, pony's, huisdieren om mee te spelen, jeu de boules, hengelen), maar de centrale begrippen zijn toch rust en natuur. Het terrein is licht glooiend, omzoomd door oude houtwallen en met veel volwassen groen daarbinnen. Er is bewust geen verlichting op het terrein, om de nacht de nacht te laten. De huiskamerreceptie biedt koffie, vers brood, verse graseieren en een ruilwinkeltje.

omgeving Het terrein is gelegen in een prachtig glooiend coulisselandschap met kronkelige weggetjes tussen weilanden en door bossen. De Dinkel, een rivier waar de ijsvogel zich thuis voelt, en heldere snelstromende beekjes vloeien langs zandverstuivingen, weiden en heide, met oude watermolens en prehistorische grafheuvels. De karakteristieke houtwallen verbergen oude Saksische boerderijen. U kunt hier heerlijk fietsen en wandelen. Er liggen enkele befaamde natuurgebieden, zoals het Lutterzand bij Losser, waar de Dinkel zich diep heeft ingesneden in de stuifduinen, en de Bergvennen bij Lattrop, een heidegebied met dennen en vennen.
Natuurhistorisch Museum Natura Docet in Denekamp, met belevingstuin, heeft zich vooral gericht op de natuur van het Dinkelland. Bijzonder mooi is het stadje Ootmarsum (beschermd stadsgezicht), met zijn vakwerkhuizen, laagste watertoren van Nederland (9 m) en een opvallende, grote kunstmarkt in het laatste weekeinde van augustus. Het Openluchtmuseum Los Hoes Oostmarsum brengt op 15.000 m^2 het leven in het historische Twente in beeld. De stad Oldenzaal is de grootste kern van de streek. Zijn St.-Plechelmusbasiliek van circa 1150, uit Bentheimer zandsteen, is zeker een bezichtiging waard.

WESEPE (OVERIJSSEL)

Boxbergen

De Wildbaan, 8124 PD Wesepe T 0570-531868
half april – half oktober **geopend**
1 ha / 25 toeristische plaatsen **oppervlakte**

E 40

route Ga bij Wesepe de Raalterweg op, richting Deventer. Sla, na het passeren van de brug over de wetering, rechts af de Boxbergerweg in, vervolgens weer rechts De Wildbaan op. Een natuurkampeerterrein dat desgewenst als alternatief kan dienen is VNK-terrein De Marsbelte op de Velsdijk in Wesepe.

kampeerterrein Het particuliere kampeerterrein Boxbergen maakt deel uit van het gelijknamige landgoed, dat ongeveer 300 ha groot is. Er voert een prachtige eikenlaan naar de forse camping, die is omzoomd door mooie, hoge beuken. De sanitaire voorzieningen op het kampeerterrein zijn zeer eenvoudig – bijvoorbeeld wel douches, maar geen warme.

omgeving Huis Boxbergen ligt aan de Soestwetering. Het huis werd in 1344 voor het eerst genoemd, maar in zijn huidige vorm is de havezate gebouwd tussen 1650 en 1653. Het is een gedeeltelijk witgepleisterd, L-vormig gebouw, waarvan de ronde toren en de bouwdelen aan de zijkant uit de 20e eeuw dateren. Het huis is niet voor publiek toegankelijk. Wandelen op het landgoed mag wel.
Met name het driehoekige gebied Wesepe-Diepenveen-Olst is rijk aan natuurschoon. De Kranenkamp aan de weg Deventer-Raalte is een gebied met heide waarop vliegdennen groeien. Het Overvelde, dat aan weerszijden van de Boxbergerweg ligt, bestaat uit gemengd bos, afgewisseld met akker- en weideland. Verder zijn hier enkele fraaie wandelgebieden: de Wechelermars, de Rande en het Oostermaat. In het westen, nog voorbij Heeten, ligt de Sprengenberg, de westflank van de Sallandse Heuvelrug. Dit fraaie natuurterrein is zeer geaccidenteerd en bestaat uit uitgestrekte heidevelden met jeneverbessen en eikenhakhout, en naaldbossen. In dit gebied komen – uiterst zeldzaam – nog korhoenders voor.
Het plaatsje Wesepe ligt centraal in Salland. De hoofdstad van Salland is de oude Hanzestad Deventer, waar de Moderne Devotie is geboren, de religieuze broederschap van Geert Groote (14e eeuw). Het rijke verleden van Deventer leeft voort in de vestingtorens langs de IJssel en talloze andere bouwwerken, met name in het Bergkwartier, dat geheel is gerestaureerd. De Grote Kerk of St.-Lebuïnuskerk aan het Grote Kerkhof is romaans, met veel muur- en gewelfschilderingen. De toren (met klokken van de gebroeders Hemony) kan worden beklommen.

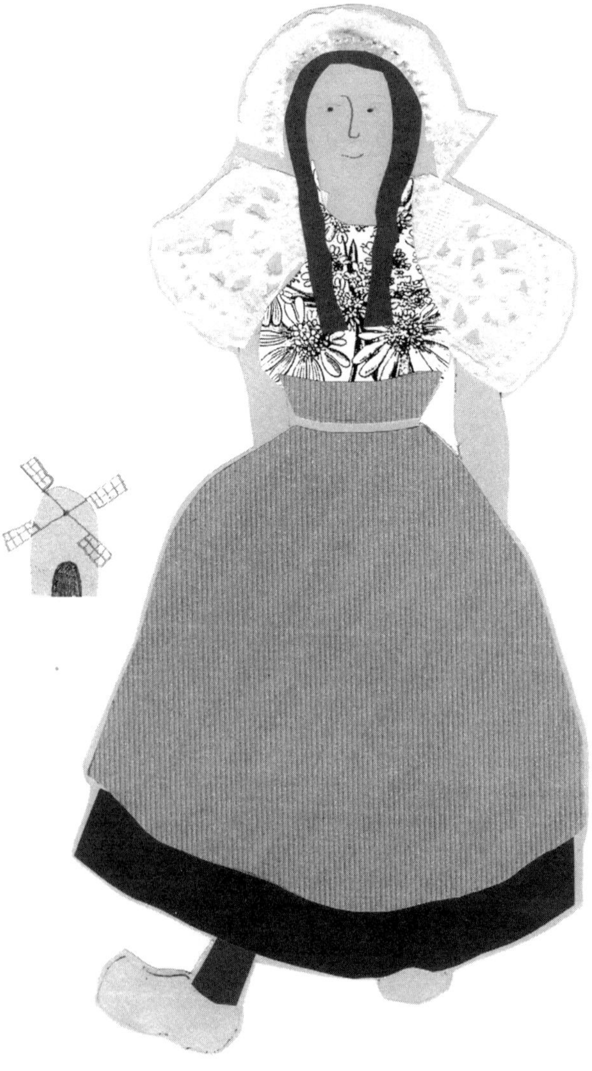

WELSUM (OVERIJSSEL)

De Stuurmanskolk

IJsseldijk 85, 8196 KC Welsum T 0570-561470 F 0570-564974
e-mail: info@eettapperijbijsterbosch.nl
01/04 – 31/10 **geopend**
1,2 ha / 40 toeristische plaatsen **oppervlakte**

41

route Welsum ligt op een wel heel bijzondere plaats in Overijssel, namelijk niet over de IJssel. Ga van de Overijsselse kant bij Olst over met de pont en dan op de dijk rechts. Vanaf Deventer via Terwolde en vanaf Zwolle via Heerde richting Olsterveer, aan de Gelderse kant van de rivier. LF 3 op 500 m.

kampeerterrein De Stuurmanskolk ligt in de IJsselvallei, onmiddellijk achter de rivierdijk. Het is een mooi grasterrein met struikensingeltjes omgetoverd in ruime plaatsen met veel privacy. Tot het terrein behoort circa 1 ha natuurwater, geschikt om in te zwemmen of te vissen of met een bootje in te dobberen. Goed, modern sanitair, waaronder ook een wasmachine en droger. Voor het terrein, op de dijk, staat het bijbehorende café-eethuis (gesloten op woensdagen), dat een prima slechtweeraccommodatie biedt en dito maaltijden.

omgeving Allereerst zijn er natuurlijk de IJssel en de dijk erlangs, die wonderschone vergezichten oplevert over de rivier en de uiterwaarden. De pont ligt vlak bij het kampeerterrein, zodat u even gemakkelijk de Overijsselse als de Gelderse kant van de IJsselvallei kunt benutten voor fiets- of wandeltochten. Aan de Overijsselse kant ligt tussen Wijhe en Deventer een juweeltje als Fortmond, met een strandje en het natuurgebied de Duursche Waard, drassige uiterwaarden met unieke IJsselflora (onder meer beemdkroon, duifkruid en ooibos) en bijzondere vogels (kwartelkoning, porseleinhoen, zomertaling) – vogelobservatiehut en uitkijktoren; voorts landgoederen als Nijendal, De Haere, Hoenlo, Oud en Nieuw Rande, kastelen met fraaie tuinen, parkbossen, akkers en houtwallen. Ook zijn hier (landgoed De Haere in Olst) bunkers en tankkoepels te bezichtigen van de licht bizarre IJssellinie, een geheim verdedigingssysteem opgebouwd in de jaren van de Koude Oorlog. De opzet ervan was de te verwachten zware Russische tanks te doen stranden in de modder, nadat het stroomgebied van de IJssel onder water zou zijn gezet. Aan de Gelderse kant overheersen landbouw- en weidegebied, met aardige dorpen als Vorchten (met een kerkje uit 1200 en het Poppenspelmuseum) en Heerde (met zijn 16e-eeuwse kasteel Vosbergen en de recreatieplas Heerderstrand). Dichtstbijzijnde stad is Deventer. Het historische centrum van de levendige oude Hanzestad is een bezichtiging meer dan waard, met zijn monumentale sfeer, een bruisende Brink en een keur aan gezellige cafés en restaurants.

LAREN (GELDERLAND)

Camping De Vrolijk

Wittendijk 4, 7245 RS Laren T 0573-401941 F 0573-400841
www.campingdevrolijk.nl e-mail: de.vrolijk@planet.nl
geopend 28/03 – 31/10
oppervlakte 1 ha / 30 toeristische plaatsen

42

route Vanaf de A1 tussen Deventer en Rijssen de afslag Bathmen, richting Laren, na 4 km linksaf, daarna rechts naar De Vrolijk. Komend vanuit Laren: borden De Vrolijk volgen.

kampeerterrein Het kampeerterrein van de familie Reurslag ligt in een bosrijk coulisselandschap met houtwallen, en het heeft een open grasveld, met zonnige en beschaduwde plekken, een trekkersveld met picknicktafel en een speeltuin. Er is een slechtweeraccomodatie. Verzorgd sanitair. Onderdeel van een groter, maar rustig kampeerterrein (geheel 100 plaatsen). Recreatievijver met zwem-, roei- en visgelegenheid in de directe omgeving. Fietsverhuur en speeltuinen. Tevens vier- of zespersoonskampeerbungalows beschikbaar. Op de camping ligt een Klompjes-golfbaan met 8 holes, of u kunt meedoen met klootschieten.

omgeving Laren (in het Achterhoeks Loarne) maakt deel uit van de gemeente Lochem. De Achterhoek bestaat uit dekzandruggen, uitlopers van de diluviale hoogteterrassen aan Duitse zijde, met veel stroompjes en beken die van oost naar west afwateren.
De camping is gelegen in een mooi landschap, met veel landgoederen, en bijbehorende kastelen en landhuizen, zoals Huize Oolde en kasteel Verwolde, dat als museum is ingericht. Dit landgoed herbergt de dikste eik van Nederland, ongeveer 450 jaar oud, met een omtrek van ruim 7,5 m. Laren heeft een vlindertuin en een fraaie neoclassicistische waterstaatskerk. Rond het dorp zijn goede wandel- en fietsmogelijkheden of u kunt kanotochten over het riviertje de Berkel (recreatiebad en kanocentrum in Almen) of de Schipbeek maken. Het langeafstandswandelpad het Pieterpad loopt door Laren, met noordelijk de aansluitende plaats Holten en in zuidelijke richting Vorden. Bij Lochem ligt kasteel Ampsen (niet voor publiek toegankelijk). Fietsers kunnen hun conditie testen op de Lochemse Berg, een stuwwalrestant uit de voorlaatste ijstijd. Ieder jaar in de eerste week van augustus wordt in Laren de goed bezochte Fietsvierdaagse De Achterhoek georganiseerd.
U kunt heerlijk wandelen op landgoed Velhorst, ten zuidoosten van Almen. Andere uitstapjes: de musea van Borculo of nabije historische steden als Doetinchem, Doesburg en Zutphen. De popgroep Normaal is waarschijnlijk het beroemdste exportartikel uit deze streek, terwijl Guus Hiddinks Varsseveld inmiddels ook befaamd is, tot in Zuid-Korea, Australië en Rusland aan toe.

HALLE (GELDERLAND)

Hessenoord

Landstraat 4, 7025 DP Halle T 0314-631068
www.campinghessenoord.nl e-mail: info@campinghessenoord.nl
01/01 – 31/12 **geopend**
1 ha / 24 toeristische plaatsen **oppervlakte**

43

route Ga vanaf het dorp Halle richting Varsseveld en sla meteen na de bocht links af de klinkerweg (Landstraat) met oude eiken in. Het kampeerterrein ligt dan na 500 m links in het bosgebied, bij Hessenheem. Streekpad nr. 8 Graafschapspad.

kampeerterrein Dit rustige, niet al te grote VNK-kampeerterrein ligt aan een prachtige eikenlaan. Hessenoord heeft fraai afgewerkte sanitaire voorzieningen, inclusief een babywasruimte. De ruime plaatsen beschikken alle over een elektriciteitsaansluiting. Behalve in eigen tent, camper of caravan (en zelfs huifkarren zijn welkom), kunt u overnachten in de nieuwe trekkershut. Midden op het terrein is een speelruimte voor kinderen met zandbak, waterpomp, schommels en glijbaan. Er zijn vijf speciale vuurpotten aanwezig om veilig een vuurtje te stoken. De informatiehut is een blokhut uit duurzame en milieuvriendelijke materialen, waar u behalve informatie over de Achterhoek ook een potkacheltje vindt om u bij kil weer aan te warmen. De beheerder, de heer Waenink, is altijd in touw voor zijn gasten.

omgeving Het dorp Halle zal u niet veel meer bieden dan een natuurvoedingswinkel en een eenvoudig restaurant. In dit deel van Nederland vindt u vooral nog rust en vaak bijzondere flora en fauna. Op de Hallse Heide (18 ha, ten oosten van Halle), een nat heideland, komt in het Vildersveen bijvoorbeeld een grote populatie boomkikkers voor. Het historische landgoed Ruurlo (519 ha) aan de Vordense Beek is zo'n typisch afwisselend Achterhoeks gebied (bossen, zachtglooiende korenvelden, beken en oude Saksische boerderijen), waar onder meer geelgors en gekraagde roodstaart broeden. Een bijzonder aspect is hier het hulstbos, met hulststruiken onder oude beuken. Ruurlo omvat ook een aantrekkelijke, honderd jaar oude doolhof.

Fietspaden en andere routes verbinden Hessenoord naar het noorden en westen verder met Vorden (fraaie landhuizen) en regiocentrum Doetinchem, naar het oosten met vestingstadje Bredevoort (dat zich profileert als boekenstad), Lievelde (met openluchtmuseum Erve Kots – ingerichte 17e-eeuwse boerderijen) en Winterswijk. Bij deze laatste plaats, een prima winkelcentrum, ligt de internationaal befaamde Steengroeve Winterswijk, waar 240 miljoen jaar oude Muschelkalk (midden-trias) aan de dag treedt. U vindt er fossielen, zelfs fossiele loopsporen van reptielen, maar vooral mineralen: pyriet, calciet, galeniet, marcasiet, celestiet. De groeve is in beheer bij Staatsbosbeheer.

ZELHEM (GELDERLAND)

Landgoed 't Zand

Berkendijk 1, 7021 HE Zelhem T 0314-625378
www.gastvrije-landgoederen.nl
geopend 01/01 – 31/12
oppervlakte 3,5 ha / 38 toeristische plaatsen

44

route Neem op de weg Zelhem-Ruurlo de afslag restaurant 't Wolfersveen, en vervolgens de verharde zandweg de Berkendijk. Zelhem ligt aan LAW 9, het Pieterpad.

kampeerterrein Let op: er zijn geen toiletvoorzieningen; daardoor is de inrichting van dit LKC-kampeerterrein uniek in Europa – zo noemen de eigenaars het. U gaat met een schopje het bos in of gebruikt een chemisch toilet. Niets voor verwende stadskinderen dus. Douches zijn er al net zo min. Overal zijn echter watertappunten en er is een openbare telefoon. En het is hier schitterend, stil en ongestoord. Reeën, vossen en buizerds zijn uw onmiddellijke buren. Daar gaat het toch om? Er liggen zeven weiden in het bos, elk met een geheel eigen karakter, om uw tent of caravan neer te zetten. De ruimte en de privacy zijn werkelijk uniek. Een trekkersveldje is ook zonder natuurkampeerkaart toegankelijk. Voor een warme douche kunt u terecht in een naburige sporthal (nog altijd een tocht van enkele kilometers) en elke 12e overnachting binnen een kalenderjaar wordt u niet in rekening gebracht. Het vriendelijke, gedistingeerde beheerdersechtpaar De Fremery hecht eraan te melden dat rolstoelers met de juiste instelling hier naar volle tevredenheid blijken te kunnen kamperen.

omgeving Landgoed 't Zand, een fraai bosgebied (naaldbos met enig loofbos), heeft een oppervlakte van in totaal 350 ha. Dat alleen al garandeert urenlange, heerlijke wandelingen. Het landgoed ligt in het hart van de Achterhoek, te midden van fraai coulisselandschap. Het karakter van de streek wordt bepaald door bochtige veldwegen, glooiende akkers, boomsingels, bossen, heidevelden, verspreid liggende boerderijen en een verbazende kastelendichtheid. In de buurt van het kampeerterrein worden fietsen verhuurd, dus u hoeft u de kans op een mooie fietstocht in geen geval te laten ontnemen.
Even ten noorden van 't Zand ligt het dorp Vorden ('de Parel van Gelderland'). De plaats profileerde zich voor de toerist lang als 'achtkastelendorp', maar is door gemeentelijke herindeling nu een 'negenkastelendorp': kasteel Vorden (gemeentehuis), buitenplaats De Wiersse, het Hackfort, Huis Den Bramel, De Wildenborch, De Wiersse, 't Medler, 't Onstein, De Kieftskamp. 's Zomers is er elke woensdagmiddag een begeleide fietstocht (33 km) langs de kastelen en hun veelal schitterende tuinen. U kunt de tocht natuurlijk ook op eigen gelegenheid maken.

VORDEN (GELDERLAND)

Daske

Van Lennepweg 6, 7251 JM Vorden T 0575-552701/06-28659297
www.daske.nl e-mail: info@daske.nl
Pasen – 31/10 **geopend**
0,3 ha / 12 toeristische plaatsen **oppervlakte**

45

route Daske ligt ten noorden van Vorden. Vanuit het centrum gaat u over het spoor de Almenseweg op. Bij restaurant 't Olde Lettink slaat u op de viersprong rechts af de Van Lennepweg in. Na 500 m vindt u aan uw rechterhand, aan het begin van het zandpad, het kampeerterrein. Vanaf het station is het meteen tweemaal rechtsaf en het spoor over. Daarna volgt u dezelfde route.

kampeerterrein Klein, knus terrein aan een doodlopende weg, begrensd door houtwallen. In het voorjaar hebt u er uitzicht over de weilanden, 's zomers is het daarvoor te dicht begroeid. De camping heeft 6 plaatsen met stroom. Voor kleinere caravans en campers is er beperkt plaats, maar voor vouwwagens is er geen ruimte. Er is een apart trekkersveld met twee picknicktafels voor fietsers en wandelaars, waarop auto's niet welkom zijn. Hier is geen elektrische aansluiting aanwezig. Kampeerplaatsen zowel in de schaduw als in de zon. De dichtstbijzijnde winkel en de bushalte liggen op 2 km afstand. Ook het station van Vorden is te belopen.

omgeving Daske ligt in een typisch Achterhoeks coulisselandschap, waarin de weiden en akkers door bossen en hagen zijn begrensd. Het bosgebied heeft mooie open plekken. In deze streek zijn tal van wandel- en fietsroutes uitgezet. Zo kunt u van het kampeerterrein meteen het zandpad op en het natuurgebied Het Grote Veld in. Vroeger had men vanaf het midden van het Grote Veld, destijds een uitgestrekt heidegebied, uitzicht tot aan Vorden, Lochem en Almen – totdat rond 1920 het gebied werd bebost met lariks, douglas, fijnspar en grove den. Deze boomsoorten zijn nog altijd volop aanwezig, maar het naaldbos wordt nu geleidelijk omgevormd tot een gemengd bos, waar ook levenskansen zijn voor andere planten- en diersoorten. Het Pieterpad, het Trekvogelpad en LF-4 lopen op nog geen 500 m van het kampeerterrein. De Dörpkesroute vanuit Vorden is een rondrit van 145 km voor mountainbikes, die deels door Duitsland voert. Zijn naam dankt hij aan de vele dorpjes en gehuchten die worden doorkruist. Voor kinderen van 8 tot 12 jaar is er rond Vorden de speciale fietsroute 'In de sporen van Berend' uitgezet, waarbij ze gewapend met een speciale rugzak terug naar de middeleeuwen gaan en de sporen volgen van de 8-jarige Berend van Hackfort, die rond 1500 echt op Kasteel Vorden en Kasteel Hackfort heeft geleefd. In en rond Vorden lopen veel onverharde wegen die ideaal zijn voor paardrijden.

HUMMELO (GELDERLAND)

Enghuizen/Jena

Rozengaarderweg 7, 6999 DW Hummelo T 0314-381457 F 0314-382326
www.camping-jena.nl
01/04 – half oktober **geopend**
0,75 ha / 19 toeristische plaatsen **oppervlakte**

46

route Ga vanuit het dorp Hummelo, via de Sliekstraat, richting Doesburg. Neem na de rotonde de eerste verharde weg links.

kampeerterrein Het LKC-natuurkampeerterrein Jena maakt deel uit van de veel grotere camping van landgoed Enghuizen (6 ha), aan de rand van de Kruisbergse Bossen, niet ver van de ruïne van het kasteel. De naam Enghuizen gaat terug tot 1240. Tot ver in de omtrek herinneren de rood-gele luiken van de boerderijen eraan dat ze tot het landgoed behoorden. Het landelijke karakter van het terrein wordt versterkt door de kippen en geitjes op het erf van de woonboerderij van de beheerder. (Let op: hanen worden vroeg wakker!) De kampeerweide heeft zijn ruime, omzoomde plaatsen – alle met elektriciteit – langs de rand van het bos, en her en der lopen fraaie hoge boomsingels. In het middenstuk hebben de kinderen een heerlijke speelplaats. Tevens is er voor de jeugd een recreatieterrein (1 ha) met onder meer houten klimtoestellen en een fietscrossbaan. De slechtweervoorziening annex ontspanningsruimte is gevestigd op de deel van de boerderij. Het uitstekende toiletgebouw heeft een babywasruimte en voorzieningen voor gehandicapten.

omgeving Voor de dagelijkse boodschappen kunt u terecht in Hummelo of Doetinchem. Bij de receptie zijn alleen kranten en ijs verkrijgbaar. Ook zijn er fietsen te huur. In het knusse dorpje Hummelo komt u behalve een aantal fraaie Saksische boerderijen, een verwarmd zwembad en enkele maneges, de rustieke uitspanning De Gouden Karper uit 1600 tegen. Een ander gerenommeerd etablissement is Het Wapen van Heeckeren, een mooie boerenherberg verscholen tussen oude kastanjes en lindebomen. In de ouderwetse gelagkamer resideert op zondag de Hummelse schietvereniging.
Het landgoed zelf vormt al een verrukkelijk wandelterrein met loofbossen, tuinen en vijvers. De tijd lijkt in het karakteristieke Achterhoekse coulisselandschap te hebben stilgestaan. Kilometerslange wandel- en fietspaden strekken zich voor u uit door zacht glooiende akkers, bossen en weilanden. De rivieren de IJssel en Oude IJssel lenen zich bij uitstek om te vissen, zeilen of roeien. Wat verder in zuidelijke richting ligt het heuvelachtige Montferland, met zijn fraaie vergezichten, uitgestrekte bossen en rijke historie. Een bezoek aan kasteel Huis Bergh te 's-Heerenberg en het in een oud klooster gevestigde museum Gouden Handen wordt warm aanbevolen.

WEHL (GELDERLAND)

't Jagershuis

Loilseweg 1, 7031 HA Wehl T 0314-681219 F 0314-382352
www.campinghetjagershuis.nl e-mail: info@campinghetjagershuis.nl
geopend 01/04 – 31/10
oppervlakte 1,5 ha / 45 toeristische plaatsen

47

route Het LKC-terrein 't Jagershuis ligt even ten westen van Doetinchem in het bos ten zuiden van de weg Wehl-Didam. De oprijlaan bereikt u via de parallelweg. Het ligt aan de ANWB Montferlandroute.

kampeerterrein Via de vorstelijke oprijlaan bereikt u de rustiek gelegen bosweide, omringd door fraaie sparren. De sanitaire voorzieningen zijn eenvoudig maar toereikend en enkele van de ruime plaatsen zijn voorzien van elektriciteit. Voor kinderen zijn er speeltoestellen. Aan het eind van de statige oprijlaan ziet u de schilderachtige witte villa 't Jagershuis staan. De elders wonende eigenaren van het landgoed gebruikten het huis uitsluitend voor jachtpartijen. Het huis is in neobarokke stijl gebouwd. De stichter kocht destijds een groot gebied heide en liet het ontginnen. Zo ontstonden het prachtige bosgebied van Stilliwald, het Jagershuis (1880) en parkbos de Plantage. De streek kent een rijke flora en fauna. Niet ver van het terrein bevindt zich bij het dorp Braamt de recreatieplas Stroombroek, waar naar hartenlust kan worden gezwommen, gevist en gesurft.

omgeving Kampeerterrein 't Jagershuis ligt aan de rand van het Montferland, een waar wandel- en fietsparadijs met groene heuvels, uitgestrekte bossen, ongerepte heidevelden, heldere beekjes en fraaie panorama's. De heuvels (tot 92,5 m hoog: de Hettenheuvel) van het Bergherbos/Montferland zijn stuwwallen uit de voorlaatste ijstijd. Kenmerkend zijn de steile hellingen en hier en daar kolossale beuken. Het sterk geaccidenteerde terrein en de dichte ondergroei van varens en mossen zorgen voor een on-Nederlandse, sprookjesachtige sfeer. Het Bergherbos behoorde vanaf de middeleeuwen toe aan de Heren van den Bergh, een roemrucht geslacht dat in de 17e eeuw hoge bestuurlijke functies bekleedde in de Spaanse Nederlanden. Hun kasteel, Huis Bergh in 's-Heerenberg (14e-eeuws fundament), is zeker een bezoek waard. In de directe omgeving komt u pittoreske dorpjes tegen als het panoramische Beek en Zeddam, met de grafelijke torenmolen uit circa 1450, de oudste windkorenmolen van Nederland. Op de net over de Duitse grens gelegen Elterberg in Hoch-Elten kunt u genieten van het schitterende rivierlandschap van de Rijn. Ook het stadje Emmerich ligt binnen handbereik – denk daarbij aan de schatkamer van de Martinikerk en het Rheinmuseum.

GROESBEEK (GELDERLAND)

Groesbeek

Ds. J. A. Visscherlaan 2, 6561 KA Groesbeek T 024-3971308/0246-221767
www.staatsbosbeheer.nl/doen/opvakantie/kamperen
e-mail: j.meesters@staatsbosbeheer.nl
01/01 – 31/12 **geopend** 2 ha / 30 toeristische plaatsen **oppervlakte**

48

route Vanuit Groesbeek is de camping met borden Natuurkampeerterrein aangegeven.

kampeerterrein Dit SBB-terrein bestaat uit twee grasvelden midden in het bos. Op het ene veldje kunnen tenten staan, op het andere caravans en campers. De voorzieningen op het terrein beperken zich tot het sanitair, maar er zijn een winkel, een golfbaan, een minigolfbaan en een zwembad in de buurt. In de omgeving vindt u legio fiets- en wandelmogelijkheden: dit is het Rijk van Nijmegen, een stuwwalgebied met hoogteverschillen tot maximaal 70 m, bossen en heide. Groesbeek is een kampeerterrein voor de echte natuurliefhebber. U staat namelijk midden in het bos en dat kan, als u alleen de bomen en dieren hoort ritselen, wel eens eenzaam zijn.

omgeving De gemeente Groesbeek, ten zuidoosten van Nijmegen, is met zijn bosrijke en heuvelachtige omgeving en de dorpen Heilig Landstichting en Berg en Dal een echte toeristische trekpleister. In het Bijbels Openluchtmuseum Heilig Landstichting, in 1911 opgericht op initiatief van de Waalwijkse pastoor A. Suijs, wordt de wereld van het Oude en Nieuwe Testament in beeld gebracht. Het museumgebouw biedt een expositie over de ontstaansgeschiedenis van Bijbel, Koran, en Thora; in het openluchtgedeelte krijgt de bezoeker een indruk van het dagelijkse leven in de tijd van Jezus. Er zijn onder meer reconstructies te zien van een oosters dorp, een bedoeïenentent en een karavanserai. Ook is een straatje uit het oude Jeruzalem nagebouwd. Het Afrikamuseum in Berg en Dal, gesticht in 1954, bezit een grote collectie Afrikaanse kunst- en gebruiksvoorwerpen; in het park zijn Afrikaanse nederzettingen nagebouwd. Ook de omgeving van Berg en Dal heeft het nodige te bieden. De Duivelsberg is een bekend natuur- en wandelgebied; hier staat ook de middeleeuwse burcht Mergelp.
Wie via de fraaie Zevenheuvelenroute terug naar Groesbeek gaat, komt langs het Canadees militair kerkhof. Het Bevrijdingsmuseum 1944 in Groesbeek, Wijlerbaan 4, toont het verloop van de strijd rond Nijmegen in het laatste oorlogsjaar. Net over de grens liggen de aantrekkelijke steden Kleve (Kleef) en Emmerich (Emmerik), maar bezoek ook eens Kalkar, waar de Nicolaikirche het weelderige beeld geeft van een niet-gebeeldenstormde kerk zoals dat in Nederland niet meer bestaat.

OVERASSELT (GELDERLAND)

Buitencentrum St.-Walrick

St.-Walrickweg 9, 6611 KC Overasselt T 06-21611710
www.stwalrick.nl e-mail: info@stwalrick.nl
geopend 01/04 – 31/10
oppervlakte 1 ha / 20 toeristische plaatsen

49

route Neem op de A73 Arnhem-Venlo de afslag Nijmegen-Dukenburg en sla bij de verkeerslichten rechtsaf richting Overasselt. Na 2 km gaat u weer rechts, de Hessenbergseweg in. Na 700 m links de zandweg op.

kampeerterrein Het als 'nationaal ontmoetingscentrum' aangemerkte Buitencentrum St.-Walrick ligt midden in het prachtige staatsnatuurmonument De Hatertse en Overasseltse Vennen. Het terrein (liefst 35 ha!) is opgedeeld in 22 afgescheiden delen, die 's zomers bijna allemaal in gebruik zijn bij scoutinggroepen. Op het mooie 'gezinsterrein', aan de buitenkant van het complex, zijn echter individuele kampeerders welkom, net als buiten het zomerseizoen op het centraal gelegen Dinnissenveld. Het scoutinglidmaatschap of een natuurkampeerkaart is verplicht. De plek is prachtig, maar er kunnen maar liefst 1100 scouts op het terrein worden gehuisvest! Ook voor hen gelden de stilteregels en juist van hen zijn wellevendheid en aandacht voor de natuur te verwachten. Voor de echte stiltezoeker adviseren wij niettemin een verblijf buiten juli en augustus.

omgeving De ruïne van de St.-Walrickskapel op het terrein is van een 15e-eeuws bouwwerk, maar de eerste bouw dateert waarschijnlijk al van de 8e eeuw. De geschiedenis van de plek is nog ouder en verbonden met een genezende eik, een zogenoemde lapjesboom. Koortslijders hingen – liefst 's morgens vroeg – een lapje van hun nachtgewaad in de boom, die dan de koorts overnam. Ook in de boom die er nu staat, hangen lapjes, en nog in 1963 zou een genezing zijn gemeld. Karel de Grote zelf moet, na genezing van de 'hiete koers' bij de eik van Overasselt in het jaar 777, de St.-Walrickskapel hebben laten bouwen.
Het nabije Nijmegen (5 km) heeft door een vergissingsbombardement in 1944 veel van zijn oorspronkelijke schoonheid verloren. De geheel gerenoveerde Waalkade is nu het gezichtsbepalende element van de benedenstad. Er zijn nog enkele overblijfselen van Romeinse oorsprong (zoals de vloerverwarming van een woning, nu in de parkeergarage van het casino te zien, en bodemvondsten in Museum Het Valkhof) en resten van de palts van keizer Karel de Grote. Leuk is ook Natuurmuseum Nijmegen en Omstreken, waarvan de collectie uitnodigt zelf de streek (Vennengebied, Ooijpolder, Gelderse Poort) eens per fiets of te voet te verkennen.

RENKUM (GELDERLAND)

Landgoed Quadenoord-Boschbeek

Quadenoord 5, 6871 NG Renkum T 0317-313071
www.quadenoord.nl e-mail: quadenoord@zonnet.nl
30/03 – eind oktober **geopend**
2 ha / 76 toeristische plaatsen **oppervlakte**

50

route Gelegen ten noorden van de weg Bennekom-Heelsum. Sla op de Bennekomseweg bij hectometerpaaltje 5,7 de Bosweg in, langs het woonwagenkamp richting Quadenoord. Let op het informatiebord.

kampeerterrein LKC-terrein Landgoed Quadenoord-Boschbeek in de Zuidwest-Veluwe biedt een bijzonder fraai, stil en schaduwrijk natuurkampeerterrein. De kampeerplaatsen liggen verspreid in de bossen rond het oude landgoed. Privacy en rust zijn hier gegarandeerd en er zijn warme douches. Op een apart seizoensterrein zijn de plaatsen minimaal 900 m^2 groot! De echte natuurliefhebber en 'ruige' kampeerder komt hier aan zijn trekken, in een gebied dat ook voor kleine kinderen onweerstaanbaar, onuitputtelijk én veilig is. Het omringende gebied is ideaal voor paardrijden en het is op het terrein mogelijk om uw eigen paard te stallen.

omgeving Het landgoed wordt omringd door het heuvelachtige bosgebied van het Bennekomse Bos, boswachterij Oostereng en de Wageningse Berg. Ook de nabije uiterwaarden van de Nederrijn zijn heerlijk om te rijden, te fietsen of te wandelen. De Stichting Biotoopverbetering Zuid-Veluwe zet zich hier in voor de natuur in het agrarische gebied door onder andere akkerranden in te zaaien met wilde planten. Vele kilometers akkerrand zijn al fleurig ingezaaid met een mengsel van onder meer granen, zonnebloemen, mosterdzaad, siletta, boekweit, mergkool, wikken en klavers. Bijen, vlinders, muizen, uilen en andere roofvogels hebben er alle baat bij en keren weer terug in het gebied.
Niet zo ver van Renkum liggen natuurgebieden als Ginkelse Heide en Planken Wambuis, beide met stuifzanden en bijzondere dieren (herten, dassen, marters, spechten), het Nationaal Park De Hoge Veluwe, met daarin het fameuze Rijksmuseum Kröller-Müller (Van Goghcollectie en beeldentuin), en de stad Arnhem, met onder meer de in 1944 zwaar bevochten Rijnbrug, die voor de geallieerden 'een brug te ver' zou blijken, en de zeer bezienswaardige moderne dierentuin Burgers' Zoo, Bush, Desert en Ocean.
Kasteel Doorwerth te Doorwerth (gemeente Renkum), een waterburcht waarvan de oudste delen uit 1280 stammen, telt na de ingrijpende restauratie van 1986 drie musea, waarin vooral de schilderijen uit de 19e-eeuwse Renkumse (of Oosterbeekse) School opvallen.

LOENEN (GELDERLAND)

Zegenoord

Bruisbeek 28, 7371 CR Loenen T 055-5052518
www.goedkamp.nl e-mail: zegenoord@goedkamp.nl
eind maart – eind september (voor- en naseizoen alleen weekends) **geopend**
3 ha / 70 toeristische plaatsen **oppervlakte**

51

route In Loenen de weg Droefakkers nemen, naast restaurant De Loenermark. Na het wildrooster links de Grindweg in; bij de vork rechts aanhouden.

kampeerterrein Het terrein Zegenoord van de Stichting Goed Kamp (SGK) is werkelijk schitterend gelegen midden in de Loenermark. De twee enorme kampeerweiden in dicht bos, met bovendien fraaie boomgroepen op de weides, garanderen stilte, privacy en sfeer. Caravans zijn toegestaan, maar geen tandemassers. Het terrein is voor grotere voertuigen niet gemakkelijk te bereiken. Er zijn geen stroomaansluitingen; petroleumlampen staan ter beschikking. Het prima sanitair zetelt in een flink sanitairhuis met kiosk. Voor de kinderen is er een speelhuis, maar vooral aantrekkelijk zullen zij de grote zitvuurkuil vinden, waar onder meer brood wordt gebakken.

omgeving De stichting Het Gelders Landschap beheert de Loenermark en het Loenense Bos, die zich uitstrekken rondom het kampeerterrein. Het is voor driekwart naaldbos met voorts berken, eiken, heide, jeneverbessen en heel wat zeldzame planten (bochtige smele, blauwe zegge, kleine schorseneer). Met 1157 ha, vrij toegankelijk behalve deels in de bronsttijd van de edelherten (half september tot half oktober), vormt het een heerlijk, glooiend fiets- en wandelgebied. Centraal ligt de schaapskooi van herderin Agnes met haar bordercollies. Bij de kooi staat dagelijks aangegeven waar u de kudde kunt treffen. Een andere grazer die u zou kunnen tegenkomen is de Schotse hooglander, die hier vrij naartoe kan trekken vanuit de aangrenzende terreinen van Natuurmonumenten. Vanwege de aanwezigheid van het vee zijn honden in het gebied niet toegestaan. Een van de fascinerendste vogels in dit gebied is de klapekster, een wintergast.
Het terrein ligt halverwege Arnhem en Apeldoorn en beide steden hebben hun attracties: Arnhem met musea als het Oorlogsmuseum 40-45, het Museum voor Moderne Kunst en het Nederlands Openluchtmuseum, Apeldoorn met Nationaal Museum Paleis Het Loo en het Nederlands Politiemuseum. Beide hebben ook een boeiende dierentuin: Burgers' Zoo in Arnhem en de Apenheul in Apeldoorn, waar meer dan 100 apen vrij tussen de bezoekers leven.

HOOG-SOEREN (GELDERLAND)

Landgoedcamping Westerwolde

Alverschotenseweg 24, 7346 AL Assel/Hoog-Soeren
T 06-5339612 F 055-5191265
e-mail: info@natuurkampeerterreinen.nl
geopend 01/04 – 31/10 **oppervlakte** 1,8 ha / 40 toeristische plaatsen

52

route Gelegen aan de weg tussen Hoog-Soeren en Radio Kootwijk, in het dorpje Assel. In de nabijheid van Apeldoorn.

kampeerterrein Mooi aangelegd en verzorgd kampeerterrein, met mogelijkheid tot het maken van een kampvuur bij uw tent. Toegang huifkarren in overleg. Onderdeel van een groter kampeerterrein (met in totaal 93 plaatsen). Het landgoed Westerwolde is eigendom van de familie Westerwoudt. Het ligt midden in de bossen op de Veluwe. Je hoort hier alleen het ruisen van de bomen en het gekwetter van de vogels. De camping heeft een boeiende geschiedenis. Toen de oude landheer Westerwoudt halverwege de Tweede Wereldoorlog te oud werd om de 12 km te reizen naar de dichtstbijzijnde kerk, liet hij de Heilige Geestkapel bouwen, met familiebegraafplaats erbij. In 1955 ontstond hier de eerste natuurbegraafplaats van Nederland en inmiddels zijn er zo'n 1800 graven, zonder prullaria en met alleen zwerfkeien als monument. De drie zonen van de oude landheer continueerden het beheer van het landgoed in de geest van hun vader en begonnen nadien ook de nabijgelegen natuurcamping.

omgeving Ideaal gebied voor wandel- en fietstochten, of voor een safari met de verrekijker: wild kijken. Vlakbij liggen het natuurgebied Kootwijkerzand, het Harskamperzand en de Torenberg en Aardmansberg. Het grootste deel van de Veluwe ligt ruim 20 m boven NAP. De hoge ligging komt door landijstongen die tijdens de voorlaatste ijstijd rivierzanden omhoogdrukten tot stuwwallen.
Hoog-Soeren telt samen met de buurtschappen Assel en Hoog-Buurlo ongeveer 250 inwoners. Het dorp is omsloten door de bossen van de Koninklijke Houtvesterij Het Loo, ook wel aangeduid als de Kroondomeinen. Deze staan bekend om hun vele wild, waaronder wilde zwijnen, reeën, dam- en edelherten, vossen, boommarters en dassen. Vanuit Emst en Vierhouten worden 's zomers natuurrondleidingen georganiseerd, zowel wildfiets- als wandeltochten, mét wildgarantie! Maar je hoeft niet per se natuurvorser te zijn om wild van dichtbij te kunnen zien. Dicht bij Apeldoorn ligt de Apenheul. Het park telt 400 apen, die vrij tussen de bezoekers rondlopen. Voor kinderen is er ook het pretpark Julianatoren, dicht bij de 107 m hoge Torenberg. Een ander uitstapje is het Veluwse Uddelermeer en het Bleke Meer, ontstaan door het smelten van een ijskern in een heuvel. De waterlaag is slechts 2 m, maar daaronder ligt 15 m slik.

KOOTWIJK (GELDERLAND)

Zanderdennen

Noorderheideweg, 3775 KC Kootwijk T 0577-426296 F 0577-456628 www.
staatsbosbeheer.nl/doen/opvakantie/kamperen
e-mail: h.snel@staatsbosbeheer.nl
01/04 – 31/10 **geopend** 0,75 ha / 25 toeristische plaatsen **oppervlakte**

53

route Zanderdennen ligt naast de weg Kootwijk-Harskamp (Heetweg), buiten het dorp. Circa 250 m na het kruisen van een wildrooster bij het bord 'Zanderdennen' linksaf. Gelegen aan LAW 3-II.

kampeerterrein SBB-kampeerterrein Zanderdennen bestaat uit een aantal kleine kampeerplekken, een kampeerweitje en een trekkersveld. Het terrein is nog heel nieuw, met modern sanitair (onder meer warme douche) dat ook voor rolstoelers te benutten is, dicht bij de grootste actieve zandverstuiving van Europa, het Kootwijkerzand. Rust en ruimte bepalen hier de sfeer.

omgeving In de omgeving loopt een heel netwerk van gemarkeerde wandelroutes en fietspaden. Boswachterij Kootwijk (stuifzand, heide, naald- en loofbos) is 5000 ha groot en vrij toegankelijk. In het Kootwijkerzand ligt een nog levende stronk van een wintereik met een omtrek van 30 m; dit zou een van de oudste en tevens grootste autochtone bomen van West-Europa kunnen zijn. Het Kootwijkerzand – een grote oppervlakte stuivend zand met de daarvan afhankelijke bijzondere vogel- en plantensoorten – is uniek in Europa. De uitkijktoren moet u zeker beklimmen. In het prachtige gebied de Loofles in de boswachterij is ten behoeve van de recreatie een fraai grondwatermeer gegraven. Kootwijk is met zijn 300 inwoners een van de kleinste dorpen op de Veluwe. Het dorp heeft geen winkels, maar een rijdende kruidenier staat elke vrijdagmiddag omstreeks halfdrie aan de Heetweg. Of u bestelt een lekkere picknickmand bij restaurant 't Hilletje... Radio Kootwijk is een hoogst opmerkelijk gebouw, een uit 1922 stammende betonnen kathedraal van architect J. Luthmann. Vanuit het zendergebouw werd in 1923 voor het eerst rechtstreeks contact gelegd met Nederlands-Indië. Het staat momenteel leeg, maar er is een plan van aanpak gemaakt voor een nieuwe toekomst.
Nog enkele opmerkelijke gebouwen in de omgeving, die het doel van een fietstocht zouden kunnen zijn: kasteel Cannenburch bij Vaassen, met een sfeervol café-restaurant in het koetshuis; Paleis Het Loo bij Apeldoorn, met barokke tuinen en fraaie Oranje-interieurs; Rijksmuseum Kröller-Müller bij Otterlo, met kunst uit de 19e en vroege 20e eeuw (onder andere Van Gogh, Mondriaan, Van der Leck) en fraaie beeldentuin; jachtslot St.-Hubertus van Berlage, die ook het interieur, inclusief stoffering en alle huishoudelijke voorwerpen, ontwierp.

DRIE (GELDERLAND)

Drie

Sprielderweg 207 (Drie), 3852 MH Ermelo T 0577-407248/405075 F 0577-407574
www.staatsbosbeheer.nl/doen/opvakantie/kamperen
e-mail: t.ginstra@staatsbosbeheer.nl
01/04 – 30/09 **geopend** 0,8 ha / 28 toeristische plaatsen **oppervlakte**

54

route Neem in Putten, Ermelo of Garderen de weg naar Drie. Volg dan het bord 'Boshuis Drie'. Sla voorbij het Boshuis direct links af; na ongeveer 300 m ziet u het kampeerterrein.

kampeerterrein Het SBB-kampeerterrein Drie is gesitueerd op een open plek in de prachtige boswachterij Speulder- en Sprielderbos, een van de oudste Veluwse bossen. Er leven wilde zwijnen, edelherten, reeën, vossen, dassen, haviken en buizerds. Rondom het terrein staan hoge beuken. Het kampeerterrein is behalve mooi ook gezellig. Er zijn twee velden, gescheiden door een singel, een sportveldje, een wei voor trekkers en een modern toilethuisje. Ook zijn er speeltoestellen voor kinderen en enkele picknicktafels. Boshuis Drie aan de Sprielderweg is een tot restaurant verbouwde boerderij uit 1765 met oud-Gelderse opkamer.

omgeving Rond Drie ligt een overvloed aan natuurgebieden: bij Ermelo de natuurmonumenten Leuvenhorst, Leuvenumse Bos en De Haspel, de staatsnatuurreservaten Houtdorperveld en Speulderveld, en de Ermelose Heide met veertig prehistorische grafheuvels en resten van een Romeins kamp; bij Putten de landgoederen Oldenaller, met park van K.G. Zocher, en Oud-Groevenbeek, op een terrein waar grafheuvels uit de bronstijd zijn gevonden. Aan het bospad van Drie naar Putten ligt het Solsche Gat, een landschapsvorm uit de derde ijstijd, vermoedelijk een doodijsgat of pingoruïne. Het gat is een grote depressie van ongeveer 20 bij 40 m, omgeven door een wal. Het geheimzinnige gat – 's zomers staat er wat water in – heeft altijd zeer tot de verbeelding gesproken: het schijnt er verschrikkelijk te spoken. In het dorp Putten herinnert een monument van Mari Andriessen aan de gruwelijke gebeurtenissen van 1 en 2 oktober 1944, toen een groot deel van het dorp door de bezetters werd platgebrand en ongeveer 600 mannen werden weggevoerd naar concentratiekampen; slechts enkele tientallen van hen keerden terug. In Ermelo staat een hervormde kerk uit de 13e eeuw met een mooie tufstenen toren. Een poortgebouw uit de 16e eeuw, deels laatgotisch, deels renaissancistisch, behoorde tot de voormalige johannieter commanderij St.-Jansdal. Harderwijk met het voor kinderen onweerstaanbare Dolfinarium ligt op 7 km.

ELBURG (GELDERLAND)

Camping Landgoed Old Putten

Zuiderzeestraatweg 65, 8081 LB Elburg T 0525-681938/06-53857138
F 0525-681325 www.oldputten.nl e-mail: info@oldputten.nl
geopend 01/04 – 01/10
oppervlakte 0,5 ha / 15 toeristische plaatsen

55 

route Neem van de A28 de afslag 't Harde. Ga 5 km richting Elburg, dan bij de rotonde van Oostendorp linksaf de Zuiderzeestraatweg in. Inrit tegenover de afslag Elburg-Vesting.

kampeerterrein Landgoed Old Putten, ooit het ridderslot van de 'Heeren van Putten', is ruim 800 jaar oud. Het natuurkampeerterrein is onderdeel van een grotere camping (6 ha / 100 plaatsen), waar rust en sfeer vooropstaan, maar waar veel voorzieningen klaarstaan. Het geheel van rustige kampeerweiden met ruime plaatsen ligt tussen beschuttende houtwallen. Er is een slechtweeraccommodatie en er zijn twee trekkershutten. Voor trekkers per fiets of te voet gelden speciale tarieven. Het terrein biedt een zwembad, een kleuterbad, een allweather tennisbaan en een sauna met stoomcabine. Het landhuis uit 1805 bezit een vrij toegankelijke tuin, die is aangelegd in Engelse landschapsstijl. Het prachtige meidoornlaantje is het oude, onverharde kerkenpad van het buitengebied naar de Grote Kerk van Elburg. De Puttenerbeek (vissen en varen) loopt over het terrein, dat nog meer waterpartijen herbergt te midden van hoogopgaand loofbos.

omgeving De bosrijke omgeving biedt alle gelegenheid voor fietsen en wandelen. Het centrum van de oude Hanzestad Elburg ligt op nog geen 10 minuten lopen. Van de laat-14e-eeuwse stadskern en verdedigingswerken is veel bewaard gebleven (Vischpoort, Grote of St.-Nicolaaskerk met imposant orgel). Het Gemeentemuseum in de kapel van het St.-Agnietenklooster (nu raadhuis) vertelt de geschiedenis van de welvarende handelsstad, die eind 14e eeuw landinwaarts verplaatst werd vanwege de dreiging van de Zuiderzee. Interessant zijn de homeopathische kruidentuinen van Dr. Vogel. Eveneens in de directe nabijheid (2 km) ligt het Veluwemeer, voor zwemmers, zeilers en surfers. Een mooi uitje is een tocht per luxe salonboot van de haven van Elburg naar het voormalige eiland Urk (nu in de Noordoostpolder). Voor de kinderen is er in elk geval Harderwijk met zijn Dolfinarium (sla het Roggenrif niet over, waar platvissen zich laten aaien, of eet in het nieuwe restaurant, waar de dolfijnen op uw bord kijken), Super Speeltuin en Parkstrand. Als het een dag echt niet rustiek mag zijn, dan is er het gekkenhuis van pretpark Walibi World (Biddinghuizen), dat op 10 autominuten ligt.

LELYSTAD (FLEVOLAND)

't Oppertje

Uilenweg 11, 8245 AB Lelystad T 0320-253693 F 0320-250873
e-mail: info@oppertje.nl
01/04 – 01/10 **geopend**
3 ha / 70 toeristische plaatsen **oppervlakte**

56

route Vanaf de A6 Emmeloord-Almere afslag 10, de Laserdreef, richting Lelystad. Twee rotondes rechtdoor, na de tweede rotonde linksaf de Buizerdweg op. Volg de campingborden.

kampeerterrein De camping is gelegen aan de zeil- en surfplas het Bovenwater, pal naast het natuurgebied de Oostvaardersplassen. Er is een apart veld voor de echte kampeerders. Ook voor campers is er een apart, half-verhard terreingedeelte (8 plaatsen) Er zijn twee trekkershutten met 4 stapelbedden en een luxehut voor maximaal 6 personen. In beperkte mate kunnen fietsen worden gehuurd. Er is een kampwinkel, waar ook lunchgerechten worden geserveerd. Nieuw sanitairgebouw. Het Bovenwater is voor zwemmers goed toegankelijk. De watersportvereniging verhuurt zeilboten aan ervaren zeilers. De surfschool heeft surfplanken, catamarans, kano's en waterfietsen te huur. Het vlak bij de camping gelegen strandje is ideaal voor kleine kinderen.

omgeving De camping ligt aan de noordkant van het natuurreservaat Oostvaardersplassen. Het is geen natuurgebied waar rondwandelingen mogelijk zijn. Wel kunt u op diverse plaatsen, onder andere aan de Knardijk, vlak bij de camping, vogels kijken in observatiehutten. Een korte fietstocht naar het natuurgebied gaat via de Knardijk naar het SSB-informatiecentrum (met een wandelroute van 5 km) en door het bos De Hollandse Hout terug. Geoefende fietsers kunnen het hele gebied rond fietsen, via de Knardijk langs de Beemdlanden en het Kottersbos naar de westrand van Almere en terug via de Oostvaardersdijk. Tijdens deze fietstocht van 80 km zult u talloze ganzen- en eendensoorten, kiekendieven en zelfs lepelaars zien.
In het Natuurpark Lelystad, dicht bij de snelweg naar Amsterdam, heeft men een leefterrein voor rendieren, elanden, przewalskipaarden en wisentstieren ingericht. Met fietsverhuur, wandel- en fietsroutes.
De Bataviawerf vormt een geweldige attractie. Hier worden sinds 1985 reconstructies van 17e-eeuwse schepen gebouwd. Momenteel is men bezig met de bouw van De 7 Provinciën, het vlaggenschip van Michiel de Ruyter. Vlak naast de werf vindt u het Nieuw Land Erfgoedcentrum, met een expositie over de geschiedenis van Flevoland en de strijd tegen het water. Of gaat u liever winkelen in Outle Shopping Bataviastad? Ook het Aviodrome is een toeristische trekpleister, met e grote collectie historische vliegtuigen, een filmtheater en openluchtmuseu

ALMERE (FLEVOLAND)

Oostvaardersplassen

Kotterbosweg 97, 8218 AD Almere/Lelystad T 036-5384416 F 036-5384661
www.natuurkampeerterreinen.nl e-mail: h.hake@staatsbosbeheer.nl

geopend 01/04 – 21/08 en 02/09 – 31/10
oppervlakte 2 ha / 25 toeristische plaatsen

57

route Het terrein ligt in het Kotterbos, naast het natuurreservaat Oostvaardersplassen. Vanaf de A6: afslag Almere-Buiten Oost 8. Op de Buitenring (N702) neemt u rotonde Stripheldenbuurt. Na de rotonde meteen linksaf. Volg de borden camping Oostvaardersplassen.

kampeerterrein Het rustige, parkachtige terrein, in jong bosgebied, ligt aan een fietspad om de Oostvaardersplassen. Ook grenst het aan viswater, de Lage Vaart, met een aanlegsteiger op 75 m. Dit is het bos aan de noordkant van Almere Buiten. In 2005 nam de gemeente Almere samen met Staatsbosbeheer de herinrichting van het Kotterbos ter hand. Er zijn nieuwe wandel- en fietspaden aangelegd. Er zijn ruime mogelijkheden om te fietsen. Op het outdoorterrein van het Kotterbos is een gevarieerd aanbod in buitensporten beschikbaar gesteld, zoals boogschieten, hikes en vlottenbouwen. Ook is er een ATB-parcours uitgezet.

omgeving Dichter bij het natuurgebied Oostvaardersplassen kunt u niet kamperen. De Oostvaardersplassen vormen een natuurgebied van 6 bij 10 km tussen Almere en Lelystad. Het is van internationaal belang als moerasgebied en overwintergebied voor vogels. Het natuurgebied is ruwweg in twee gedeelten te onderscheiden, een nat en een droog gedeelte. Anno 2005 leefden er 1500 edelherten, 1000 konikpaarden, 500 heckrunderen, 100 reeën en 100 vossen in dit gebied. Door het grazen blijft het landschap open en verruigt het niet, zodat op den duur natuurlijke bossen kunnen ontstaan. Vanaf Observatieheuvel Kotterbos kunt u op Het Stort uitkijken, op het droge natuurgedeelte. Aan de westzijde van de Oostvaarderdersplassen strekt zich het natte gedeelte uit, waar u vele kolganzen, grauwe ganzen en zelfs de brandgans kunt zien, die in dit gebied weer tot broeden is gekomen. De natuurwaarde voor met name de vogels is enorm en er komen steeds meer zeldzame broedvogels bij, recent ook de visarend. Een korte fietstocht brengt u naar het informatiecentrum bij het gemaal Blocq van Kuffeler aan de Oostvaardersdijk.
Almere, de plaatsnaam verwijst naar de 8e-eeuwse benaming voor de Zuiderzee, is de snelstgroeiende stad van Nederland. Liefhebbers van hedendaagse architectuur kunnen in Almere Stad hun hart ophalen in de Muziekwijk en de Filmwijk. Het stadhuis en het Almeers Centrum Hedendaagse Kunst zijn een bezoek waard. Of kijk in Almere Haven vanaf een terras naar de fraaie jachthaven en de zeilboten op het Gooimeer.

WEST-NEDERLAND

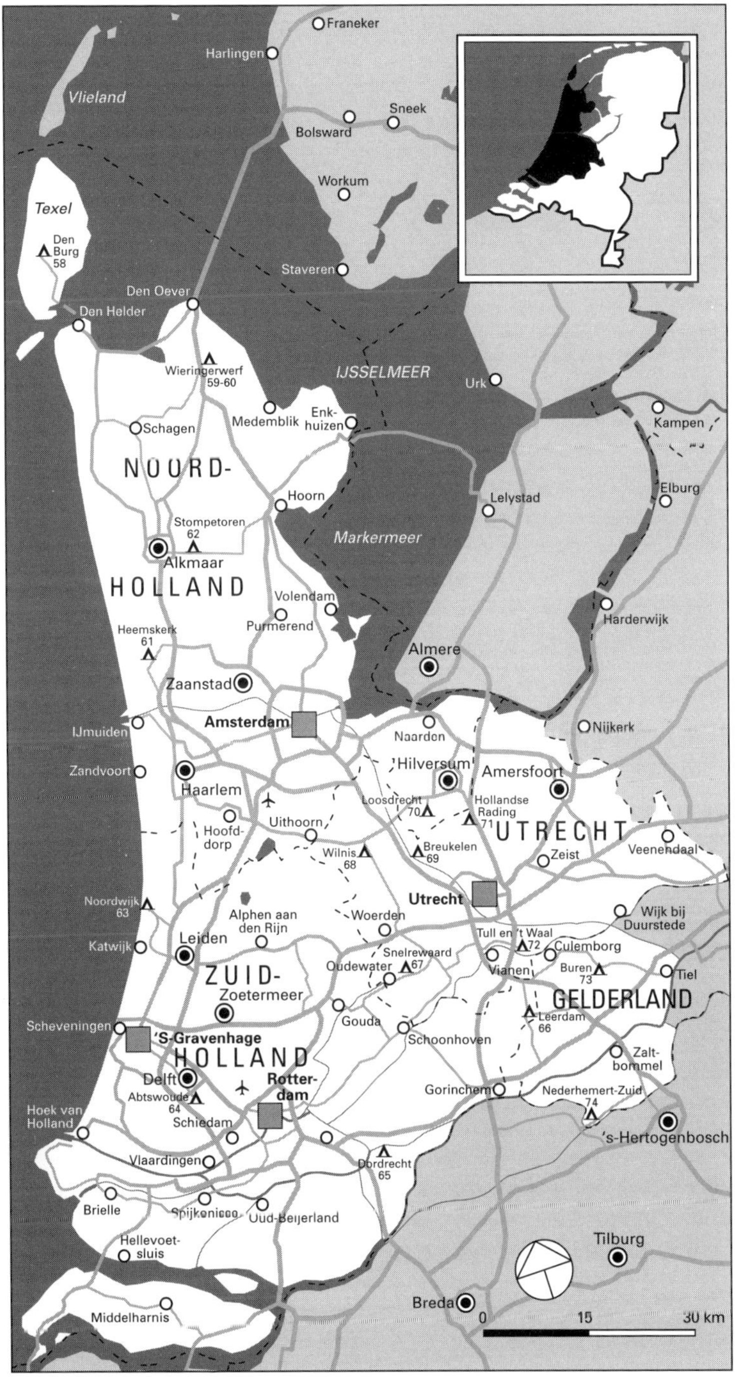

DEN BURG (NOORD-HOLLAND)

't Woutershok

Rozendijk 38, 1791 PE Den Burg T 0222-313080 F 0222-310159

geopend 01/04 – 01/11
oppervlakte 6 ha / 160 kampeerplaatsen

58 

route Ga vanaf Den Burg richting De Koog. Sla bij weg 11 links af en volg daarna de borden. Ga in het bos na 200 m rechtsaf.

kampeerterrein 't Woutershok, gelegen in de boswachterij Texel, bestaat uit verschillende terreinen die door boomsingels zijn gescheiden. Er is een apart veldje voor hondenbezitters. Reserveren is verplicht. Tijdens het seizoen worden door studenten activiteiten georganiseerd op het gebied van natuur en milieu (zoals het bouwen van een rommelboom, met afval dat in de omgeving wordt verzameld), en 's avonds worden er voor de kinderen verhaaltjes voorgelezen.

omgeving Texel is een echt vakantie-eiland: eindeloze zandstranden, 120 km aan fietspaden en overal wandelroutes door de natuur. Ten noorden van De Koog ligt het beroemde natuurgebied De Slufter, dat ontstond tijdens een duindoorbraak in 1858. Omdat het gat nooit werd gedicht, staat het gebied nog steeds in open verbinding met de zee. Er is daardoor een bijzondere zoutwaterflora ontstaan. Ook broeden er veel vogels.
Een ander interessant natuurgebied is de Hoge Berg (15,3 m), ten zuidoosten van Den Burg. Dit is het hoogste punt van de oude keileemkern van het eiland. Het keileem werd tijdens de ijstijd opgestuwd door landijs uit Scandinavië.
Behalve natuurgebieden kent Texel ook enkele leuke dorpjes. Den Burg, de hoofdplaats van het eiland, heeft een gezellig centrum, waarin nog het oude middeleeuwse stratenplan te herkennen valt. Hier kan men de Oudheidskamer bezoeken. Het museum (Kogerstraat 1) is gevestigd in een uit 1599 daterend huis en u kunt er van alles te weten komen over de geschiedenis van Texel. Eveneens boeiend: aan de zuidkant van de Hoge Berg vindt u de oorlogsbegraafplaats van de Georgiërs, die in 1945 in opstand kwamen tegen de Duitsers. Hier loopt ook een fraai wandel/fietspad naar Oudeschild, waar ooit de putten lagen waaruit de Oost-Indiëvaarders water haalden alvorens aan hun lange zeereizen te beginnen. Dit bronwater werd alom geroemd om zijn lange houdbaarheid. In het havenplaatsje Oudeschild vindt u het Maritiem en Juttersmuseum.
In Oosterend kan men heerlijk vis eten. De Koog is behalve dé badplaats van Texel 's zomers ook een druk uitgaanscentrum. De Cocksdorp en De Waal zijn twee leuke dorpjes waar u tijdens uw verblijf op het eiland gewoon even moet gaan kijken. Vlak bij de camping, in het natuurgebied Duinpark, ligt EcoMare, het oudste zeehondenopvangcentrum in Nederland.

WIERINGERWERF (NOORD-HOLLAND)

Wieringerrand

Den Oeverseweg 12, 1774 NB Wieringerwerf T 0227-604179

www.natuurkampeerterreinen.nl e-mail: c.zonneveld@staatsbosbeheer.nl

01/04 – 30/09 **geopend**

4 ha / 38 toeristische plaatsen **oppervlakte**

59

route Via de A7 (Hoorn-Den Oever), afslag Wieringerwerf, richting centrum, helemaal uitrijden, links over het viaduct. De derde weg links (Hippolytushoeverweg), voor de tweede brug rechtsaf.

kampeerterrein Op het aan de bosrand gelegen kampeerveld zijn ruime kampeerplaatsen ingericht. Van de 38 kampeerplaatsen zijn 12 voorzien van elektriciteit. Tevens zijn er 30 aanlegplaatsen voor boten. Via stapstenen kan de kampeerder die nóg meer rust zoekt een plek uitzoeken op een van de kampeerweides in het bos. Behalve voor landkampeerders is de camping uitdrukkelijk ook bedoeld voor toervaarders. Hij maakt deel uit van waterrecreatieproject Het Blauwe Netwerk van de Kop van Noord-Holland. Deze camping is de eerste zogenaamde aquacamping van Staatsbosbeheer.

omgeving Wieringerrand ligt aan de Den-Oeversevaart in het Robbenoordbos, aan de rand van het voormalige eiland Wieringen. Er zijn veel wandel-, fiets- en vismogelijkheden (zie informatie bij camping Robbenoord). Het bos ligt iets ten zuiden van Den Oever. Het is ontstaan nadat de hoge waterstand de bodem ongeschikt had gemaakt voor agrarisch gebruik. De eerste aanplant dateert uit de periode 1934-1941. De bossen bestaan voor driekwart uit loofbomen, zoals eiken, esdoorns, essen, beuken, populieren en elzen. Het andere kwart bestaat uit naaldbomen. Door de gevarieerde bodemstructuur en vegetatie zijn de bossen een eldorado voor paddenstoelen. Van april tot oktober zijn er wekelijks excursies onder leiding van een boswachter. Een korte wandeling brengt u naar Den Oever, met zijn grote visserijhaven. Het dorp is vooral bekend om zijn garnalenvisserij. Bezienswaardig: de visserijhallen, de molen De Hoop (1652) en het Vikinginformatiecentrum, met informatie over de lokale geschiedenis.

Het voormalige eiland Wieringen is glooiend. De stuwwallen van keileem dateren uit de voorlaatste ijstijd. In 1924 kwam aan het eilandbestaan een einde toen het Amsteldiep werd afgesloten. In 1930 werd de Wieringermeer ingepolderd. De afsluiting van de Zuiderzee werd in 1932 voltooid door de Afsluitdijk. Bij het sluizencomplex ziet u het standbeeld van ingenieur Lely.

De zeedijk langs het wad naar Den Helder is een fraai fietstraject. Hier staan diverse musea, zoals Fort Kijkduin, in 1811 in opdracht van keizer Napoleon gebouwd, het Marinemuseum en Cape Holland Willemsoord. Bij Huisduinen hebt u vanaf de kolossale zeedijk een van de mooist denkbare uitzichten op zee.

WIERINGERWERF (NOORD-HOLLAND)

Robbenoord

Noorderdijkweg, 1774 MK Wieringerwerf T 0227-604179/06-20408519
F 0227-604179
www.staatsbosbeheer.nl/doen/opvakantie/kamperen
geopend 01/04 – 30/09 **oppervlakte** 1 ha / 30 toeristische plaatsen

60

route Aan de A7 bij het gemaal Leemans, 2,5 km van Den Oever. Volg vanaf Den Oever de bordjes Robbenoordbos. Rijd door tot de tweede parkeerplaats.

kampeerterrein Dit SSB-kampeerterrein heeft zowel open veldjes als plaatsen onder de bomen. De locatie midden in het bos is op zich heel mooi, maar helaas laat het verkeer op de Rijksweg A7 zich niet geheel onbetuigd. Robbenoord is dan ook vooral geschikt voor een korter verblijf, als u een dagje de Wieringermeerpolder wilt verkennen of op krachten wilt komen alvorens per fiets de Afsluitdijk over te steken. Aanmelden en afrekenen gaan via een automaat.

omgeving U vindt hier talrijke wandel- en fietsmogelijkheden. In Den Oever, aan het begin van de Afsluitdijk, liggen diverse boten waarop u kunt meevaren voor een dagje sportvissen op het wad. Aan de noordkant van het Robbenoordbos is een jachthaven, met aquacamping (zie camping Wieringerrand).
Wieringerwerf is de hoofdplaats van de Wieringermeer, de oudste IJsselmeerpolder. Bij de drooglegging van de polder in 1930 werd het voormalige eiland Wieringen verbonden met Noord-Holland. Het verschil in het landschap is opvallend. De bodem van Wieringen, die bestaat uit keileem, behoort tot dezelfde geologische periode als Texel en Urk. Het geaccidenteerde landschap wordt gekenmerkt door glooiende weilanden met bochtige weggetjes, omzoomd door hagen of bomen. Ter hoogte van boswachterij Wieringermeer liggen de Wielen, twee kolkgaten die ontstonden toen de Duitsers in mei 1945 de dijk opbliezen om de polder onder te laten lopen. De gaten konden niet meer worden gedicht, en daarom heeft men de dijk er maar omheen gelegd.
Opgravingen hebben uitgewezen dat er al bewoning op het eiland Wieringen was tussen de 5e en 12e eeuw v.C. De Michaelskerk in Oosterland is bijzonder fraai. De Römer tufsteen voor de bouw werd eertijds per schip uit het Duitse Bentheim aangevoerd. De kerk, met fundamenten uit de 12e eeuw, heeft een schitterend Teschemacher-orgel uit 1762. Een leuke dagtocht is een bezoek aan het voormalige vissersdorp Kolhorn, 5 km ten oosten van Schagen. Wandel of fiets over de oude Westfriese Zeedijk, de voormalige zeewering vanaf de duinen tot Medemblik, en kijk uit over het weidse polderland. Tot hier kwam vroeger de zee! In Hippolytushoef staat het museum Jan Lont. Het museum, gehuisvest in een originele Wieringer boerderij, geeft een goed inzicht in het leven en werken op het voormalige Zuiderzee-eiland.

HEEMSKERK (NOORD-HOLLAND)

De Berenweide

Oudendijk, 1969 MN Heemskerk T 0251-661095 F 0251-232601
www.kennemerduincampings.nl
01/04 – 30/09 **geopend**
0,6 ha / 20 toeristische plaatsen **oppervlakte**

61

route Volg vanaf Beverwijk de Rijksstraatweg, en na 3 km bij de verkeerslichten en het benzinestation links. Vanaf Castricum volgt u de Beverwijksestraatweg 4 km tot de verkeerslichten en het benzinestation, dan rechts. Volg de oude dijk tot het einde. Rechts ligt De Berenweide. Auto's kunnen niet verder dan de parkeerplaats en dus niet het terrein op. Aan LAW 5-3 en LF 1.

kampeerterrein Dit natuurkampeerterrein onder de Kennemer Duincampings wordt jaarlijks tot eind juni deels gebruikt als groepskampeerterrein. In hoog- en naseizoen hebben individuele kampeerders en trekkers echter het rijk alleen. Naast de groepsweide zijn er twee forse weiden, gescheiden door boomsingels, en een speelweide. De kampvuurplaats ligt apart en een vuur maken moet worden aangevraagd. Er is een mooi sanitairgebouw. Het terrein ligt aan de voet van de Kennemerduinen, waar het op uitziet, in het stiltegebied van het Noord-Hollands Duinreservaat. De regels zijn er tamelijk streng en u wordt verzocht daarvan bij de zelfbedieningsadministratie goed nota te nemen. Er wordt onder meer uitdrukkelijk verzocht bij te dragen aan het schoonhouden van het terrein en de voorzieningen.

omgeving Beheerder van het kampeerterrein is het Provinciaal Waterleidingbedrijf van Noord-Holland, dat tussen Zandvoort en Bergen het grootste deel van de unieke Noord-Hollandse kust beheert. Met een jaarkaart van PWN hebt u vrij toegang tot het Noord-Hollands Duinreservaat en de Kennemerduinen. Dat levert kennismaking met een geweldig stuk natuur op, fiets- en wandelroutes, excursies met de boswachters, kinderprogramma's enzovoort. De zee ligt uiteraard op gemakkelijke fietsafstand. Het agrarische achterland aan de oostzijde is misschien minder interessant, maar op cultuurgebied is in de directe nabijheid heel veel te beleven. De haven en visafslag van IJmuiden, de oosterse markt in Beverwijk op zaterdagen en zondagen, de historische binnenstad van Haarlem met zijn St.-Bavo, Frans Hals- en Teylersmuseum, en voorts de diverse forten van de Stelling van Amsterdam. Een bezoek aan Recreatiepark Linnaeushof in Heemstede is een traktatie voor kinderen; dit mag met recht de grootste speeltuin van Europa heten. Niet kermisattracties maar gewone speeltoestellen vormen er de hoofdmoot. Trek er gerust een hele dag voor uit, want uw kinderen willen niet meer weg. Neem zwemkleding mee voor het onderdeel 'waterspeeltuin'.

STOMPETOREN (NOORD-HOLLAND)

De Witte Brug

Noordervaart 46, 1841 HA Stompetoren T 072-5039344
www.dewittebrug.nu e-mail: dewittebrug@dewittebrug.nu
15/03 – 31/10 **geopend**
0,3 ha / 15 toeristische plaatsen **oppervlakte**

62

route De boerderij ligt aan de zuidzijde van de Noordervaart, de parallelweg langs de N243 tussen Hoorn en Alkmaar. Circa 1 km ten oosten van het dorp Stompetoren ligt De Witte Brug bij een wit bruggetje over de sloot. De bussen 127 en 121 (Alkmaar-Purmerend) stoppen bij de halte 'Wittebrug' in Stompetoren, aan de overkant van de witte loopbrug over de Noordervaart.

kampeerterrein Nette en rustige SVR-kampeerplaats op het erf van een Noord-Hollandse stolpboerderij die in het verleden een agrarische bestemming had. In de voormalige paardenstal zijn goede sanitaire voorzieningen met warm en koud stromend water aangebracht. De Witte Brug is een zogeheten 'stiltecamping', waar u het maken van lawaai zoveel mogelijk dient te beperken. Tussen 23 en 7 uur is de toegang gesloten. Luide muziek is niet toegestaan en (kampeer)auto's mogen alleen op het terrein rijden bij aankomst en vertrek. Er is ruime parkeergelegenheid op de centrale parkeerplaats achter de boerderij. Tegen een geringe vergoeding kunt u gebruikmaken van de koelkast en de kookgelegenheid in de gastenkeuken, waar ook een tv staat.

omgeving De Witte Brug ligt midden in het weidse polderlandschap en de waterrijke veenweidegebieden van de Schermer, een van de drooggelegde gebieden in het Land van Leeghwater ten noorden van Amsterdam. De Eilandspolder, 3 km ten oosten van de camping, was een eiland in de toenmalige binnenzee Schermer, en ligt dan ook wat hoger dan het omringende ingepolderde land. Het beschermde natuurgebied bestaat voor een kwart uit water en heeft een drassige en voedselrijke veenbodem, waar grutto, kievit, scholekster, lepelaar, smient en wintertaling zich thuis voelen. Ook zeldzame moerasvogels als de roerdomp en karekiet zijn soms te zien. Op de Haring- en Henneproute wandelt u langs alle historische bezienswaardigheden van het voormalige Schermereiland en wordt u informatie aangeboden over de strijd tegen het water, het rijke zeevaartverleden en het drooggeggen van de omliggende binnenzeeën. Ook de Leeghwaterroute voor fietsers stelt de geschiedenis van de 17e-eeuwse droogmakerijen centraal en betrekt daarbij ook het Werelderfgoed Beemster. U fietst verder langs de Stelling van Amsterdam en de 17e-eeuwse juweeltjes Graft en De Rijp. Op diverse locaties in het Land van Leeghwater kunt u een kano of (fluister)boot huren.
De kaasmarkten op vrijdag in Alkmaar (6 km ten westen van Stompetoren) en op woensdag in Edam (23 km naar het zuidoosten) zijn wereldberoemd.

NOORDWIJK (ZUID-HOLLAND)

De Ruigenhoek

Vogelaardreef 31, 2204 AA Noordwijk T 0252-375002
www.goedkamp.nl e-mail: ruigenhoek@goedkamp.nl
geopend eind maart – eind september (voor- en naseizoen alleen weekends)
oppervlakte 2,5 ha / 90 toeristische plaatsen

63 

route Neem op de N206 de afslag Lisse-Langevelderslag, richting Langevelderslag. De camping ligt rechts na ongeveer 500 m. Fietsers uit Zandvoort of Noordwijk gaan bij Langevelderslag richting Lisse, langs het zweefvliegveld, dan na circa 250 m bij de toegang tot de Waterleidingduinen rechts. Aan LAW 5-2.

kampeerterrein Een natuurkampeerbewijs is verplicht op SGK-terrein De Ruigenhoek, maar dan zit u ook in alle rust in het duingebied van een van de drukst bezochte Hollandse badplaatsen. Caravans zijn toegestaan, maar geen tandem-assers, en er is geen elektra. Een lekker ruim gezinsterrein in de ruige duinvegetatie. Er zijn wat kinderspeeltoestellen en een hangplek voor de jongeren in een heus hangnet. De nabijheid van de N206, een vrij drukke provinciale weg tussen Haarlem en Den Haag, is soms goed te horen.

omgeving Het strand van Noordwijk is beroemd. Het duinlandschap van de Hollandse kust komt heel fraai tot zijn recht in de Staatsduinen ten zuiden en de Amsterdamse Waterleidingduinen ten noorden van Noordwijk. Daartussenin ligt nog boswachterij Noordwijk. Het zijn stuk voor stuk gebieden die zich bij elke weersgesteldheid lenen voor wandelen, fietsen, uitwaaien en vogels kijken. Als het weer wat minder is, heeft Noordwijk meer te bieden dan alleen de Noordzee en het strand. Een opvallende attractie is SpaceExpo in het bezoekerscentrum van de Europese ruimtevaartorganisatie ESTEC. U ziet er satellieten, een raketmotor, een ruimtestation, er zijn video's en computerspelletjes, en alles mag worden aangeraakt! Dicht in de buurt van De Ruigenhoek ligt de Keukenhof, op het grondgebied van de gemeente Lisse: elk voorjaar weer een kleurige zee van 6 miljoen bolbloemen. De dichtstbijzijnde grotere stad is Leiden, met zijn oude grachten, hofjes en beroemde musea. Het Nationaal Natuurhistorisch Museum Naturalis vertelt over de evolutie van de aarde en zijn bewoners. De Leidse universiteit was in 1575 een geschenk van Willem van Oranje voor het dappere verzet van de stad tegen de Spaanse omsingeling. Bijzonder fraaie collecties bezitten voorts het Rijksmuseum van Oudheden, het Rijksmuseum voor Volkenkunde en het Museum Boerhaave.

ABTSWOUDE (ZUID-HOLLAND)

De Grutto

Abtswoude 27 (Abtswoude), 2626 NC Schipluiden T 06-51010162
(info: 079-3418325) www.nivon.nl e-mail: grutto@nivon.nl
01/04 – 31/10 **geopend**
0,5 ha / 10 toeristische plaatsen **oppervlakte**

64

route Gelegen ten zuiden van Delft en bereikbaar via de nieuwbouwwijken van Delft-Zuid (wijk nr. 22) en dan 2 km langs de provinciale weg naar Schiedam. Bij nummer 27 links en 700 m de landweg af.

kampeerterrein Het NIVON-natuurkampeerterrein De Grutto is heel onverwacht gelegen in de polder tussen Delft en Schiedam. U kunt in dit verband gerust spreken van een 'rustieke oase'. Het kleine terrein ligt op een voormalig boerenerf midden in een veenweidelandschap. Het is beschut door bomen. De spoorweg Den Haag-Rotterdam in de verte is helaas te horen – een klein nadeel van dit verder idyllische plekje. De voorzieningen zijn eenvoudig. Er is een douche met warm water, er is geen telefoon (echter mobiel bereikbaar tussen 18.00 en 19.00 uur), er is geen elektriciteit en er staan enkele speeltoestellen voor kinderen. Het terreintje wordt door de gasten zelf, samen met vrijwilligers van het NIVON, schoongehouden.

omgeving De omgeving biedt alle gelegenheid tot het maken van wandel- en fietstochten. Er zijn veel wandelroutes uitgezet, zoals de Delflandroute (ANWB), de Delftse Trekvaartroute en wandelroute de Vlietlanden (beide vanaf NS-station Delft), welke laatste naar het mooie Maassluis voert. De polder Midden-Delfland is een eldorado voor vogelkijkers. De binnenstad van Delft ligt op fietsafstand van de camping. De stad, beroemd geworden om zijn aardewerk, biedt schaduwrijke grachtjes, fraaie oude gebouwen en musea. U vindt er ook tal van eetgelegenheden en gezellige cafés. De Markt met het 17e-eeuwse stadhuis en de Nieuwe Kerk (1381), waar onder meer het praalgraf van Willem de Zwijger ligt, en de gracht de Oude Delft met het Oost-Indische Huis (nummer 39), het museum Prinsenhof (nummer 183) en de Oude Kerk zijn hoogtepunten. Schiedam is vooral bekend geworden vanwege de jeneverindustrie. Ooit stonden hier driehonderd stokerijen. Tegenwoordig wordt het geestrijke vocht nog bij zo'n tiental distilleerderijen vervaardigd. Bezienswaardig zijn het Zakkendragershuisje uit 1725, aan de Oude Sluis, en de vier 18e-eeuwse stellingmolens aan de Noordvest, die dienden voor het malen van koren voor de stokerijen. In een van de molens, De Noord, is een jeneverproeverij gevestigd. De 14e-eeuwse toren naast het stadhuis kan worden beklommen.

DORDRECHT (ZUID-HOLLAND)

De Kleine Rug

Loswalweg 1, 3315 LB Dordrecht T 078-6163555
www.nivon.nl e-mail: kleinerug@nivon.nl
geopend 01/04 – 31/10
oppervlakte 0,3 ha / 12 toeristische plaatsen

65

route Van de N3 afslag Werkendam, onderaan rechtsaf; volg na 500 m de borden 'Camping 't Vissertje' tot het water. Die plek ligt op 10 minuten lopen van het NS-station Dordrecht-Stadspolder. Het terrein zelf is gevestigd op een schiereiland aan het Wantij, en is alleen over water te bereiken. Bel in verband met de overvaart vooraf dat u eraan komt.

kampeerterrein Natuurkampeerterrein De Kleine Rug van het NIVON is een fraai kleinood aan de rand van een verstedelijkte omgeving. Het is gelegen in natuurgebied de Hollandse Biesbosch, maar is alleen te bereiken via de nieuwbouwwijken ten oosten van Dordrecht. Op het terrein zelf merkt u weinig meer van de stad, want het is helemaal omgeven door bomen en riet. Naast het kampeerterrein ligt een Natuurvriendenhuis. Ook zijn er twee vierpersoonsblokhutten te huur. Alle faciliteiten zijn recent geheel vernieuwd. Verhuur van kano's en fietsen.
Aan de Loswalweg ligt ook 't Vissertje, een rustige natuurcamping aangesloten bij de STEK (Stichting Eenvoudig Kamperen).

omgeving Het Hollandse deel van de Biesbosch is sinds de afsluiting van het Haringvliet het enige gedeelte waar nog sprake is van getijdenwerking. Hier treft u dan ook een bijzondere flora en fauna aan. Als het voorjaar aanbreekt, kleurt de spindotter het gebied geel en klinkt het gezang van de fitis en de blauwborst; 's zomers ziet u er kolonies aalscholvers en blauwe reigers. Het gebied wordt doorkruist door een groot aantal wandel- en fietspaden. Er zijn verschillende wandelroutes aangegeven met gekleurde paaltjes. Ook kunt u wandelingen maken onder leiding van een gids. Het best laat dit watergebied zich echter verkennen per boot. U kunt zelf een kano huren of onder begeleiding door de smalle kreekjes en langs de grienden en wilgenvloedbossen varen. Ook is een tocht mogelijk over de Beneden-Merwede langs Dordrecht en het Slot Loevestein (14e eeuw). Het bezoekerscentrum De Hollandse Biesbosch in Dordrecht, Baanhoekweg 53, geeft alle informatie en herbergt een permanente tentoonstelling over het natuurgebied. Dordrecht is de oudste stad van Holland (vanaf 1220) met een mooi oud havengebied. Breng een bezoek aan het Dordrechts Museum (Hollandse meesters) en mis niet het uitzicht over de Oude Maas en de Merwede bij de Groothoofdspoort uit 1325.

LEERDAM (ZUID-HOLLAND)

Kampeerbosje Leerdam

Recht van ter Leede 25, 4143 LN Leerdam T 0345-623600/06-53403933
www.kampeerbosje.nl.nl e-mail: kampeerbosje@planet.nl
01/04 – 31/10 **geopend**
0,6 ha / 15 toeristische plaatsen **oppervlakte**

66

route Het terrein ligt terzijde van de weg Leerdam-Leerbroek (vanaf het station is dat rechtsaf en na 300 m rechts), die het Recht van Ter Leede heet. Dit is een slingerweg die u circa 500 m moet volgen, afsplitsingen negerend. Bij de nummers 25 en 29 gaat u links het karrenspoor op. Het eerste bosje is van Staatsbosbeheer en het achterste bosje is Kampeerbosje Leerdam.

kampeerterrein Het terrein telt zeven kampeerplaatsen en een trekkersveld. De kampeerplaatsen zijn gedeeltelijk omzoomd en bieden veel privacy. Het veld beschikt over een buitenkeuken met warm water en elektriciteit (onder andere een telefoonoplader). Er zijn vuurkorven en buitenoventjes te huur en er is stookhout te koop. De drie beschikbare trekkershuisjes (2 tweepersoons, 1 driepersoons) hebben een terras en een tuintje om nog een tentje op te zetten. Ze zijn volledig ingericht, onder andere met linnengoed en keukengerei. Voorts is voor maximaal 6 personen nog een 7 m hoge tipi met eigen vuurplaats te huur. In het ecologisch ontworpen centrale hoofdgebouw vindt u warme douches en de toiletten. Dit is tevens de slechtweeraccommodatie, met onder andere een kleine bibliotheek. Het kleinschalige terrein met zijn sloten en bruggetjes heeft een levendige fauna van kikkers, vogels en kleine knaagdieren, en is nog in ontwikkeling.

omgeving U bent hier in de polder van het Rivierengebied, op 2 km van de historische stad Leerdam en de rivier de Linge. In het besloten polderlandschap en langs de rivier kunt u mooie routes volgen, zoals de bewegwijzerde Vijfheerenlandenroute, tussen grienden, fruitboomgaarden, bloemrijke graslanden en geriefbosjes. Bij oude dorpen als Schoonrewoerd en Kedichem liggen wielen (bijvoorbeeld het fraaie Wiel van Bassa), het resultaat van de vele dijkdoorbraken uit het verleden. Het gebied maakt deel uit van de Nieuwe Hollandse Waterlinie. Op de Noorder Lingedijk, bij het dorp Asperen, ligt Fort Asperen, dat een van de best bewaard gebleven vestigingen is van deze curieuze militaire stelling die zijn nut nooit mocht bewijzen. Ook de stad Leerdam was van oudsher een vesting. Ooit was Leerdam volledig omringd door wallen, muren, een kasteel, water en poorten, maar daarvan resteert niet veel. De stad geniet nu wereldfaam vanwege zijn glasindustrie. In het Nationaal Glasmuseum (Lingedijk 28), bij Royal Leerdam Crystal en in de KristalWinkel (Lingedijk 8) kunt u die lange traditie bewonderen.

OLLAND

SNELREWAARD (UTRECHT)

De Oude Boomgaard

Zuid-Linschoterzandweg 21 (Snelrewaard), 3425 EM Oudewater T 0348-561415
http://home.planet.nl/~ca.veelenturf/oudeboomgaard.htm
01/04 – 31/10 **geopend**
0,25 ha / 2 toeristische plaatsen **oppervlakte**

67

route Vanaf Gouda richting Oudewater, vanaf Woerden richting Linschoten, en dan aan de enige weg Linschoten-Oudewater, op circa 2 km van Linschoten.

kampeerterrein Stilte in het hart van de Randstad, aan het riviertje de Lange Linschoten. Deze kleine boomgaardcamping bestaat al sinds de Tweede Wereldoorlog en maakte als hobby een hele ontwikkeling door. Binnen afzienbare tijd mogen er geen caravans meer staan. Er wordt gewerkt aan een eenvoudig kampeerterrein dat uitsluitend voor fietsers met tenten toegankelijk zal zijn. De Oude Boomgaard bevindt zich momenteel in een overgangsfase, met nog enkele (sta)caravans, die zo veel mogelijk achteraan bij elkaar staan. In het boenhok aan de stoepsloot zijn een goede, hete douche en twee toiletten. Verder uitgestrekte groene landerijen, een paar koeien, schapen, geiten, het ezeltje Nono, een konijn, eendjes, kippen, katten...

omgeving U bent hier in een oude agrarische buurtschap die bekendstaat als 'De Lange Linschoten', vernoemd naar de rivier die er de kronkelende as van vormt. Deze rustieke omgeving is officieel aangemerkt als landschappelijk kwetsbaar gebied. De polders zijn hier onbeschrijflijk mooi. Dit is de Lopikerwaard, op de grens van de provincies Utrecht en Zuid-Holland, waar je fantastisch kunt fietsen. De rivieren Oude Rijn, Hollandse IJssel, Lek, Vlist, en Korte en Lange Linschoten doorstromen deze streek. Vlak bij De Oude Boomgaard liggen onder andere het Landgoed Linschoten (gedeeltelijk toegankelijk, soms ook excursies, met unieke landgoedflora en - fauna – onder meer reiger- en roekenkolonies – en diverse cultuurhistorische elementen, zoals het koetshuis, de duiventoren en de ijskelder van het oude kasteel), kaasboerderij 'de Vliethoeve', zuivelboerderij Van Winden, met koeien en melkgeiten en een Groene Hart Landwinkel. Iets verderop liggen schilderachtig Linschoten, Montfoort, Woerden, zilverstadje Schoonhoven en natuurlijk ooievaars- en heksenoord Oudewater. Dit laatste plaatsje is internationaal vermaard om de sfeervolle, monumentale binnenstad. Uit de hele wereld weten mensen Oudewater te vinden om zich te laten wegen in de Heksenwaag. In 2001 kregen de ooievaars voor het eerst in jaren weer jongen in het nest op het oude stadhuis (dat vroeger figureerde in de tv-serie *Swiebertje*).

WILNIS (UTRECHT)

Camping Amstelkade

Amstelkade 61, 3648 KA Wilnis T 0172-408080 F 0172-408284
www.amstelkade.nl e-mail: amstelkade@reinaerde.nl
geopend 01/01 – 31/12
oppervlakte 2,5 ha / 30 toeristische plaatsen

68

route Neem op de A2 de afslag Breukelen/Kockengen, richting Kockengen/Woerden. Ga bij de rotonde rechts richting Wilnis, daarna links richting Woerdense Verlaat. Bij de betonfabriek, nog voor het bord bebouwde kom Woerdense Verlaat, gaat u rechts de Amstelkade op. Na ongeveer 2,5 km ziet u rechts camping Amstelkade.

kampeerterrein Camping Amstelkade ligt aan de rivier de Kromme Mijdrecht, te midden van de weilanden in het voormalige moeras- en veenweidegebied van het Groene Hart. Het kampeerterrein heeft ruime, beschutte plekken, die plaats bieden aan tenten, caravans en campers. Op het terrein, een oude boerderij, liggen ook een kinderboerderij en een theetuin. Er zijn kano's, roeiboten, fietsen en tandems te huur, en ook twee goed ingerichte trekkershutten. Om hier te mogen staan, moet u lid zijn van de Stichting Natuurkampeerterreinen, maar men kan zich ter plekke laten registeren. De camping maakte deel uit van een recreatieboerderij die deels wordt gerund door gehandicapten.

omgeving De omgeving van Wilnis kenmerkte zich van oudsher door een weelderige plantengroei van vooral riet en zeggen, waaruit zich veenmoeras kon ontwikkelen. In 1085 werd voor het eerst begonnen met de ontginning van het gebied onder leiding van de kanunniken van St.-Jan. Door sloten te graven die afwaterden op de Kromme Mijdrecht, daalde het waterpeil. Het veen klonk in en zo ontstond bruikbaar grasland. Vanaf het einde van de middeleeuwen werd het grasland uitgeturfd om te worden gebruikt als brandstof. Door het op deze wijze afgraven van de grond ontstonden onder andere de Wilnisse Plassen. Vanaf de 19e eeuw werden deze plassen drooggelegd.
Het landschap is nog altijd volop in ontwikkeling. Het is een waardevol natuurgebied, waar recreatie een belangrijke plaats inneemt. De omgeving is ideaal voor wandelaars en fietsers, maar wie wil kan er ook per boot op uit, over de rivier de Kromme Mijdrecht, die zich dwars door het landschap slingert. Kano's, roeiboten, fietsen en tandems zijn op de camping te huur. Ook wie graag een hengel uitgooit, komt niets te kort: de Kromme Mijdrecht heeft uitstekend viswater. Daarnaast is het schone water van de rivier heel geschikt om in te zwemmen.

BREUKELEN (UTRECHT)

D'Oude Molenwerf

Zandpad 2 / Proosdijweg 1, 3621 NC Breukelen T 0346-266476/0346-283387
www.deoudemolenwerf e-mail:deoudemolenwerf@hotmail.com

01/04 – 01/10 **geopend**
1 ha / 15 toeristische plaatsen **oppervlakte**

69

route Neem op de A2 (Amsterdam-Utrecht) afslag Breukelen. Volg daarna de N402 richting Loenen. Ga na 400 m rechtsaf de Kerkbrink op, rechtdoor de Brugstraat in. Ga na 225 m over de brug linksaf het Zandpad op. Na circa 2 km ziet u aan de rechterkant de Weersluis.

kampeerterrein Klein kampeerterrein, fraai gelegen aan de Weersloot, het water dat vanhier richting Loosdrechtse Plassen loopt en vroeger de grens vormde tussen Holland en Utrecht. Het terrein heeft eenvoudig en schoon sanitair. Op de camping zijn roeibootjes te huur. Caravans zijn hier niet toegestaan.

omgeving De camping is een geweldige uitvalsbasis voor tochtjes naar de Loosdrechtse Plassen. U roeit er vanaf het terrein gemakkelijk naartoe. Voor wie wil wandelen of fietsen heeft de omgeving ook veel te bieden. Er lopen diverse mooie wandelroutes vanuit Breukelen, bijvoorbeeld langs de buitenplaatsen aan de Vecht. Langere wandelroutes voeren naar Hollandse Rading (19 km) en Woerden (12 km). Vlak buiten het dorp Breukelen ligt kasteel Nijenrode, de oudste particuliere universiteit van Nederland.
Bezienswaardig is het oude plaatsje Breukelen. Het werd in de 7e eeuw voor het eerst in geschriften genoemd en heette toen nog Attingahem. Bonifatius zou hier rond 720 hebben gepredikt en een houten kerkje hebben gesticht.
Vlak bij de plek waar Bonifatius zijn kerk liet bouwen, verrees later de dorpskerk van Breukelen, de Nederlands Hervormde Pieterskerk. De oudste delen van het huidige stenen gebouw (koor en transept) dateren uit de 15e eeuw. De toren werd in 1705 herbouwd nadat de oude in 1702 was ingestort. In de toren hangt een luidklok uit 1463. Nadat de Pieterskerk in 1583 een protestantse kerk werd, verdwenen altaar en tabernakel. Daardoor kon de uit de late middeleeuwen daterende grafzerk van het geslacht Van Nijenrode worden uitgebreid tot een tombe. In de 16e en 17e eeuw zijn langs het riviertje de Vecht vele, ook nu nog bezienswaardige buitenplaatsen gebouwd door vermogende stedelingen. Tot de mooiere behoren Boom en Bosch, destijds eigendom van Engel de Ruyter, een zoon van admiraal Michiel de Ruyter, waarin tegenwoordig het gemeentehuis van Breukelen is gevestigd, en Goudestein in Maarssen, eveneens gemeentehuis en behuizing van het Museum Maarssen, dat onder andere gewijd is aan de historie van de buitenplaatsen aan de Vecht. De route langs de Vecht vormt dan ook een heerlijke fietstocht.

LOOSDRECHT (UTRECHT)

Fort Spion

Bloklaan 9, 1231 AZ Loosdrecht T 0294-234932
www.fortspion.nl e-mail: m.salet@planet.nl
15/03 – 31/10 **geopend**
0,2 ha / 10 toeristische plaatsen **oppervlakte**

70

route Fort Spion ligt aan de Bloklaan tussen Loosdrecht en Loenen. Vanuit Loosdrecht: richting Loenen via de Veendijk, die overgaat in de Bloklaan. Na een flauwe bocht ligt rechts Fort Spion. Vanuit Loenen/Breukelen: richting Loosdrecht, na de brug over de Vecht ligt het fort na 1,5 km links.

kampeerterrein Het rustige tentenveld, gelegen binnen de fortgracht, biedt plaats aan 10 kleinere tenten. Voorzieningen en slechtweeraccomodatie zijn in het fort aanwezig. Er is parkeerplaats voor circa 5 auto's. Huisdieren niet toegestaan, open vuur verboden. Overnachten is ook mogelijk in de kleine remise (2 personen) of in het bomvrije wachthuis (max. 4 personen). Het terrein ligt op 1,5 km van het in 2004 geopende Waterliniepad.

omgeving Fort Spion maakt deel uit van de Nieuwe Hollandse Waterlinie, een ingenieus verdedigingssysteem van sluizen, inundatiekanalen en waterkeringen, 85 km lang en 3 tot 5 km breed, tussen Muiden en Gorinchem. De Waterlinie lag tussen de voormalige Zuiderzee en de Biesbosch en omvatte 68 grote verdedigingswerken en tientallen kazematten. Het inundatiegebied, in een soort krans van forten, werd aangelegd tussen 1815 en 1885, ter bescherming van de steden van westelijk Nederland. Een klein laagje water, slechts 40 cm diep, was genoeg om vijandelijke voertuigen en paarden tegen te houden. Tegelijk was het te ondiep om per boot te bevaren, zo redeneerde men. Bij een aanval zou het gebied binnen 3 weken onder water zijn gezet. Een hopeloos verouderde tactiek, zo bleek in 1940. Vooral rond Utrecht zijn veel forten gebouwd, omdat deze stad niet door water kon worden verdedigd. In de forten worden regelmatig manifestaties georganiseerd. Sommige zijn als museum ingericht. Het Waterliniepad, een achtdaagse wandelroute van 145 km, loopt van Weesp tot Werkendam. Fort Spion ligt halverwege tussen de naaldbossen en heidevelden van de Lage Vuursche en de veen- en weidegebieden verder westwaarts. Tip voor fietsers: bij Nieuwersluis vaart een pont over het Amsterdam-Rijnkanaal.
Er lopen prachtige wandel- en fietsroutes door het plassengebied of langs de Vecht. Bovendien zijn er talloze watersportmogelijkheden. Aan de Vecht, vooral tussen Maarssen en Loenen, liggen schitterende buitenplaatsen. Oude dorpjes als Loenen of Breukelen laten zich goed te voet verkennen. Voorts bezienswaardig: het nabije Utrecht met zijn vele musea en historische binnenstad, Slot Zuylen in Oud-Zuilen en kasteel De Haar bij Haarzuilens.

HOLLANDSCHE RADING (UTRECHT)

Fazantenhof

Karnemelksweg 1a, 3739 LA Hollandsche Rading T/F 035-5771845
e-mail: info@campingfazantenhof.nl
geopend 01/04 – 30/09
oppervlakte 2 ha / 70 toeristische plaatsen

71

route Ga via de A27 richting Hilversum, neem de afrit Maartensdijk, richting Hollandsche Rading. Volg bij de verkeerslichten richting NS-station, dan de borden Fazantenhof.

kampeerterrein Natuurcamping Fazantenhof biedt een bijzonder rustig kampeerterrein in het Maartensdijkse Bos. Het open, door bomen omgeven terrein is op sommige plaatsen wat hobbelig. De voorzieningen zijn eenvoudig, maar schoon. Er is een jeu-de-boulesbaan en de bos- en waterrijke omgeving biedt veel recreatiemogelijkheden. Vanaf het kampeerterrein lopen tal van fietsroutes. Grenzend aan de camping is onder dezelfde naam een goed restaurant met fraai terras gevestigd.

omgeving Hollandsche Rading ligt op de grens van Noord-Holland en Utrecht, aan de rand van de polder tussen de Loosdrechtse Plassen en boswachterij De Vuursche. De Loosdrechtse Plassen, ontstaan door het steken van turf, vormen naast de Friese meren het belangrijkste watersportgebied van Nederland. Alles is aanwezig voor ontspanning op of langs het water: jachthavens, boot- en waterskiverhuurbedrijven en recreatiestranden. In de plassen zijn kunstmatige eilanden aangelegd met steigers en strandjes. Natuurmonumenten heeft een vaarroute uitgezet door de Vuntus, de kleinste en rustigste van de Loosdrechtse Plassen en nu een beschermd natuurgebied; het land mag daarbij niet betreden worden. Een goede indruk van het natuurreservaat krijgt u ook tijdens een wandeling over de Kromme Rade, een oud openbaar voetpad op de grens van Utrecht en Noord-Holland, of vanaf de dijk tussen Tienhoven en Hollandsche Rading. Hier loopt ook een fraaie fietsverbinding van en naar de Vecht.
Lage Vuursche is met zijn bosrijke omgeving een geliefde bestemming voor wandelaars en dagjesmensen. Een pannenkoek eten in een van de pannenkoekhuizen in het dorp is bijna folklore. Het kasteel-museum Sypesteyn in Nieuw Loosdrecht herbergt een fraaie collectie 16e- tot en met 18e-eeuwse kunst en nijverheid. Het kasteel werd in 1920 op oude fundamenten gebouwd door de laatste telg uit het geslacht Van Sypesteyn. Park en tuin zijn aangelegd in vroeg-17e-eeuwse stijl.
In juli en augustus wordt in Loosdrecht het bekende jazzfestival gehouden.

TULL EN 'T WAAL (UTRECHT)

Werk aan de Korte Uitweg

Lange Uitweg 42a, 3999 WL Tull en 't Waal T 030-6342199/06-16268101
www.werkaandekorteuitweg.nl e-mail: wkuwku@zonnet.nl
01/06 – 30/09 **geopend**
1 ha / 20 toeristische plaatsen **oppervlakte**

72

route Ga vanaf Houten richting Schalkwijk, na het Amsterdam-Rijnkanaal rechts, bij rotonde links de Lange Uitweg op. Vanaf Culemborg: pont over de Lek, linksaf de dijk op, rechts bij de toelichting Lunet aan de Snel, links aanhouden bij de Y-splitsing en na 500 m rechts de brug over. Het terrein is alleen toegankelijk voor kampeerders die te voet of met de fiets komen, omdat de ophaalbrug over de fortgracht wordt gerestaureerd. Voor auto's is het terrein sowieso niet toegankelijk, er is ook geen parkeergelegenheid naast het terrein of in de nabije omgeving.

kampeerterrein Dit is een zeer bijzondere locatie, namelijk binnen het fort Werk aan de Korte Uitweg van de Nieuwe Hollandse Waterlinie. Dit voormalige verdedigingswerk is een onderdeel van de Nieuwe Hollandse Waterlinie. Kampeerders vinden een plek binnen de aarden wal van het fort, prachtig beschut en in een bijzondere sfeer. De 'bomvrije kazerne' werd vroeger gebruikt als onderkomen voor manschappen. Inmiddels is hierin een theehuis gevestigd en het sanitair (toilet, wastafels, douche) van het kampeerterrein is hier ondergebracht. Het Werk aan de Korte Uitweg is nu een rijksmonument en wordt daarom zo veel mogelijk conform oud bestek, op een milieuvriendelijke wijze en met respect voor de bijzondere flora en fauna hersteld. Noodzakelijke eigentijdse toevoegingen zijn elektra, waterleiding en telefoon. Het theehuis is in de zomer open van 11.00 tot 17.00 uur (maandag gesloten), in de fortenmaand september ieder weekeinde.

omgeving De Nieuwe Hollandse Waterlinie werd aangelegd vanaf 1815 om Nederland te beschermen tegen vijandelijke aanvallen uit het oosten. Door het polderlandschap onder water te zetten in combinatie met de verdediging vanuit diverse werken en forten werd de linie een bijna onneembare vesting. Werk aan de Korte Uitweg werd tussen 1871 en 1877 aangelegd als onderdeel van de Stelling van Honswijk. Na de Tweede Wereldoorlog werd door Defensie weinig onderhoud meer aan de waterlinieforten gepleegd. Daardoor zijn er ook een bijzondere flora en fauna op dit soort locaties ontstaan. De directe omgeving is landelijk en leent zich zeer goed voor mooie fietstochten. Het nabijgelegen dorp Schalkwijk telt een opvallend aantal fraaie langhuis- en dwarshuisboerderijen.

BUREN (GELDERLAND)

De Karekiet

Erichemsekade 8, 4116 GD Buren T/F 0344-572222
www.dekarekiet.nl e-mail: dekarekiet@planet.nl
01/04 – 30/09 **geopend**
1,3 ha / 40 toeristische plaatsen **oppervlakte**

73

route Neem van Buren de binnenweg naar Geldermalsen en volg de bordjes. De camping ligt aan de linkerkant van de weg en is toegankelijk via het erf links van het huis op nummer 8.

kampeerterrein Natuurkampeerterrein De Karekiet (VNK), dat onderdeel is van een grotere camping, ligt in de Betuwe, in een mooi wandel- en fietsgebied met weilanden en fruitboomgaarden. Het linkergedeelte is bestemd voor tenten, het rechter- voor caravans. Iets verder naar rechts is een apart terrein gereserveerd voor stacaravans. Het geheel ligt tussen de fruitbomen (er wordt ook fruit verkocht); er zijn een kampvuurplaats, een jeu-de-boulesbaantje en een slechtweer-accommodatie. De paarden achter het huis van de beheerder zijn fokpaarden en dienen geen recreatief doel, in tegenstelling tot de kano's, die op het terrein te huur worden aangeboden en waarmee u over het nabijgelegen riviertje de Linge kunt varen (u vaart eerst een stukje over een wetering; aan het eind gekomen moet u de kano over de weg heen naar de rivier dragen).

omgeving Buren is zonder twijfel een van de mooiste stadjes van Nederland, met zijn weliswaar verlaagde, maar verder volledig bewaard gebleven stadswallen, zijn oude raadhuis en waag, zijn oorspronkelijk als uitkijktoren gebouwde en later bij de kerk gevoegde oranjerode Lambertustoren en zijn allesoverheersende voormalige Koninklijk Weeshuis in Hollandse renaissancestijl, in 1612 gesticht door Maria van Oranje-Nassau en tegenwoordig in gebruik als Museum der Koninklijke Marechaussee. De nauwe band tussen Buren en het Huis van Oranje werd gesmeed toen Willem van Oranje er in het huwelijk trad met Anna van Egmond, gravin van Buren, en wordt nader belicht in het Museum Buren en Oranje, gevestigd in het voormalige raadhuis aan de markt. De titel 'gravin van Buren' is de vijfde in de reeks die de Nederlandse vorstin voert. Hoe klein ook, Buren is geen dorp, maar een stad. Het kreeg stadsrechten in 1395. In 1498 werd de heerlijkheid Buren een graafschap. In een plantsoen net buiten het stadje herinneren funderingen en een gedenkplaat aan het vroegere grafelijke slot. Het gebied ten zuiden van Buren is rijk aan antiekwinkels. Bij de plaatselijke VVV is een beschrijving van een antiekroute door de Betuwe en de Bommelerwaard verkrijgbaar.

NEDERHEMERT-ZUID (GELDERLAND)

Kasteel Nederhemert

Kasteellaan 1, 5317 KX Nederhemert-Zuid T 06-13091815 F 0416-351351

geopend 01/04 – 30/09
oppervlakte 0,6 ha / 13 toeristische plaatsen

74 

route Tegenover Heusden aan de Maas. Bereikbaar via de Kasteelweg richting veerpont; verharde weg volgen en links aanhouden.

kampeerterrein Eerst aanmelden, bij de beheerder op Kasteellaan 14, daarna tent opzetten, is het devies. Het terrein, buitengewoon idyllisch gelegen aan een dode arm van de Maas, bestaat uit grasveldjes in een klein bosgebied. Hier broeden onder meer karekiet en spotvogel. Zwemmen kan op loopafstand; een speeltuintje ligt bij Kasteellaan 11. Het terrein ligt in het natuurgebied 'Op het Eiland', een naam die eraan herinnert dat Nederhemert-Zuid in het verleden geheel door water werd omringd. In het natuurgebied ligt ook de ruïne van kasteel Nederhemert, maar de kampeerders hebben daartoe geen toegang. De vleermuizen uit de ruïne doorkruisen de schemering. Er bestaat de mogelijkheid het gebied per roeiboot te verkennen.

omgeving Het oude kasteel werd voor het eerst vermeld in 1310, toen Jan van Hemert de burcht Nederhemert opdroeg aan de hertog van Gelre. Voorjaar 1945 werd kasteel Nederhemert door de geallieerde troepen, die vanuit Brabant tot aan de Maas waren opgerukt, aan flarden geschoten. Het brandde geheel uit, waarbij de volledige inventaris een prooi der vlammen werd. Pas in 2001 is begonnen met de omvangrijke restauratie, waartoe het van staatswege werd uitgeroepen tot 'kanjermonument'. Het project is niet toegankelijk en daarom is het kasteel alleen van de weg af (in de steigers) te zien. Een fraai kasteel in de omgeving dat al wél kan worden bezocht, is kasteel Ammersoyen in Ammerzoden. Het is precies wat men zich voorstelt bij een ridderburcht. Het 14e-eeuwse kasteel, een van de fraaiste in het Gelderse rivierengebied, omvat onder meer een ridderzaal, een kemenade (vrouwenvertrek) en torenkamers. Er zijn vondsten uit de kasteelgracht tentoongesteld. In de kelder huist een taveerne. Het Historisch Museum in Hedel is gevestigd in het voormalige, 19e-eeuwse gemeentehuis. Het geeft een beeld van de plaatselijke geschiedenis vanaf de Romeinse tijd tot heden. Er is ook een bijzondere verzameling muntstempels te zien, gevonden bij de opgraving van kasteel Hedel. De nabijgelegen resten van dit kasteel behoren ook tot het museum.

ZUID-NEDERLAND

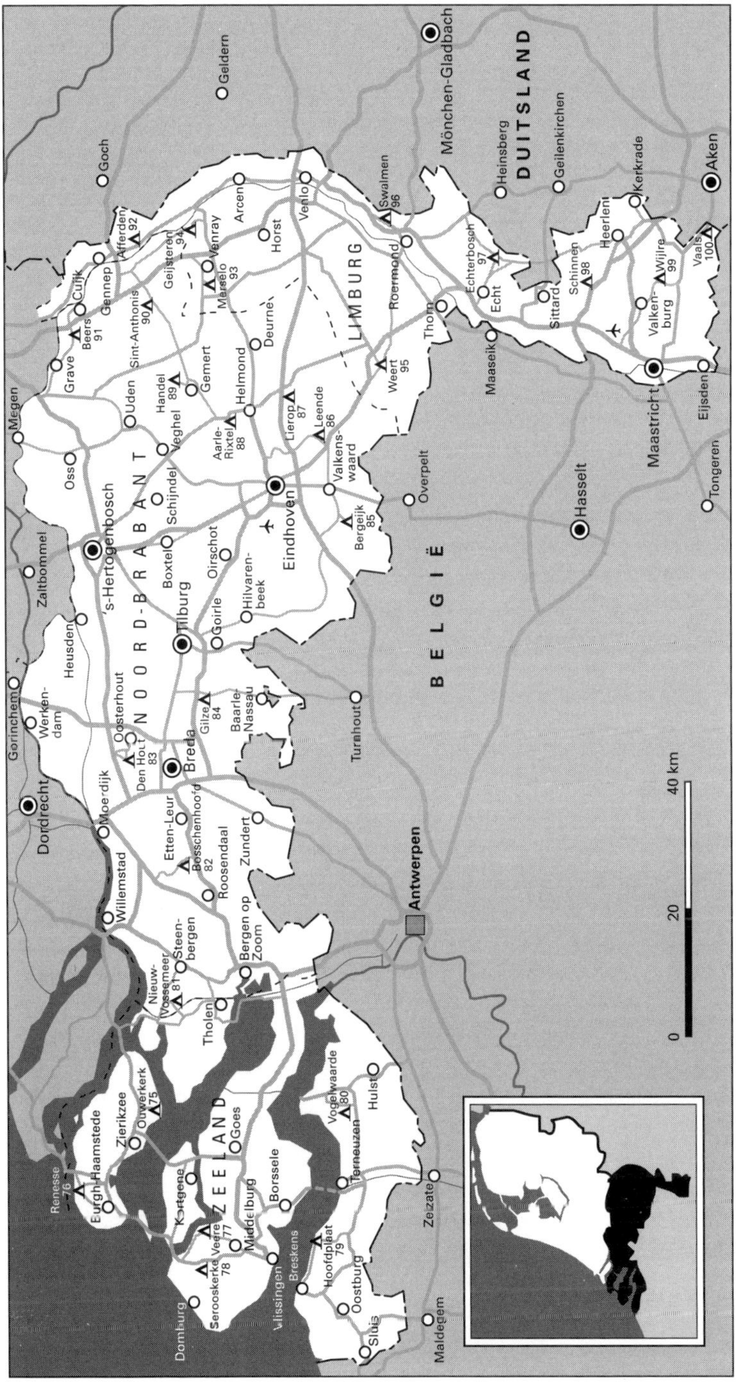

OUWERKERK (ZEELAND)

De Vierbannen

Weg van de Buitenlandse Pers 1a, 4305 RJ Ouwerkerk T 0111-642044
F 0111-643530 www.vierbannen.nl e-mail: informatie@vierbannen.nl
geopend 01/04 – herfstvakantie
oppervlakte 6 ha / 120 toeristische plaatsen

75 

route Neem vanaf de weg Rotterdam-Zierikzee de afslag Ouwerkerk en volg daarna de borden.

kampeerterrein De Vierbannen is een ruime camping in het krekengebied ten zuiden van Ouwerkerk, een vogelrijk stuk natuurschoon. De camping is verdeeld in diverse veldjes, die omgeven zijn door bomen en struiken. Er zijn een speelweide en een zandbak. Dit is een echt Zeeuws kampeerterrein; dat wil zeggen, sober en zonder fratsen. De voorzieningen zijn eenvoudig en goed verzorgd. Even buiten het kampeerterrein ligt een strandje met een pier in de Oosterschelde. Richting Ouwerkerk ligt vlak achter de camping een speel- en surfplas. Om in het krekengebied te mogen vissen hebt u een vergunning nodig van de hengelsportvereniging, die op het kantoor verkrijgbaar is. Reserveren kan schriftelijk, telefonisch of met het formulier op de website. Enige bijzondere voorzieningen onmiddellijk naast de camping: persluchtstation plus verhuur van duikapparatuur en een prima restaurant.

omgeving Net buiten de camping ligt het krekengebied. Dit prachtige natuurgebied van water en bos is ontstaan tijdens de Watersnoodramp van 1953. Er zijn wandelroutes aangelegd, zodat u rustig van de natuur kunt genieten. Zowel water-, moeras- als bosvogels hebben hier hun broedgebied, en op trek komen daar ook nog eens steltlopers en eendensoorten bij. Ook diverse fietsroutes voeren u door het karakteristieke Zeeuwse landschap. Bezoek bijvoorbeeld de Zuiddijk bij Schuddebeurs voor een fraai uitzicht over Schouwen. Tijdens de Watersnoodramp sloeg het water van de Oosterschelde een groot gat in de dijk bij Ouwerkerk. Daarbij werd het dorp bijna geheel verwoest; vandaar dat de meeste huizen een tamelijk nieuwe indruk maken. Het gat in de dijk werd voorlopig gedicht met vier betonnen Phoenix-caissons, die oorspronkelijk bedoeld waren voor de invasie in Normandië. De caissons liggen er nog steeds. Museum Watersnood 1953, Weg van de Buitenlandse Pers 5, vertelt het verhaal van de ramp. De belangrijkste plaats van Schouwen-Duiveland is Zierikzee. Het vroeger welvarende havenstadje, in 1567 na een belegering door de Spanjaarden ingenomen, telt talrijke woonhuizen uit de 16e, 17e en 18e eeuw en enkele fraaie musea, zoals het Maritiem Museum (Mol 25) en het Stadhuismuseum (Meelstraat 6-8). Zierikzee is het vertrekpunt van boottochten op de Oosterschelde.

RENESSE (ZEELAND)

De Wijde Blick

Lagezoom 23, 4325 CP Renesse T 0111-468888 F 0111-468889
http://camping.nl/zeeland/renesse/camping-de-wijde-blick-42.html
e-mail: wijdeblick@ardour.com
01/01 – 31/12 **geopend** 10 ha / 200 toeristische plaatsen **oppervlakte**

76

route Volg vanaf Rotterdam de A4 richting Europoort/Zierikzee. Daarna de A15 richting Hellevoetsluis en de N57 richting Middelburg. Bij Scharendijke neemt u de N652/Kuijerdamseweg naar Lagezoom. De camping ligt rechts van de weg.

kampeerterrein De camping ligt op loopafstand van de badplaats Renesse te midden van het groen. U kunt kiezen uit ruime kampeerplaatsen met alle voorzieningen, volledig ingerichte stacaravans, trekkershutten, plaatsen voor campers, kampeerbungalows, en een speciaal veld voor fietskampeerders. De sanitaire voorzieningen zijn schoon en modern, en de kinderen vermaken zich prima in het zwembad, op het sportveld of in een van de vele speeltuintjes. Er zijn een eetcafé, een snackbar en een winkel. De Wijde Blick is ook in de winter geopend.

omgeving Renesse is een echte familiebadplaats. De brede en schone stranden, het overdadige natuurschoon en de vele cafés en restaurants maken het dorp tot een verzamelplaats voor jong en oud. Renesse wordt al in 1267 in documenten genoemd. Het slot Moermond vlak bij Renesse dateert al van 1229. Het werd tot twee keer toe verwoest, maar evenzoveel keren herbouwd. Na de watersnoodramp van 1953 is het slot grondig gerestaureerd. Momenteel is het in gebruik als hotel en congrescentrum.
Vanaf het begin van de 20e eeuw is Renesse een badplaats. Alle faciliteiten, zoals winkels, eetgelegenheden, manege en fietsverhuur, treft u vlakbij.
Voor wie wil wandelen, biedt de boswachterij van Westenschouwen verschillende mogelijkheden. Door het 300 ha grote bos zijn diverse routes uitgezet. Er lopen ook enkele mooie ruiterpaden door het gebied. Strandovergangen bieden toegang tot het uitgestrekte strand. Ten noorden van de Boswachterij Westerschouwen liggen de Meeuwenduinen, waar van maart tot juli duizenden zilvermeeuwen, stormmeeuwen en kleine mantelmeeuwen broeden. Tussen de dichte en gevarieerde begroeiing van de aangrenzende Zeepeduinen leven veel zangvogels.
Uitstapjes kunt u maken naar het stadje Zierikzee met zijn stadswallen, poorten en historische monumenten, het vissersplaatsje Bruinisse, verantwoordelijk voor maar liefst een derde deel van de aanvoer van Nederlandse mosselen, het Nationaal Monument Watersnood 1953 in Ouwerkerk, of het themapark Waterland Neeltje Jans, gelegen op een kunstmatig aangelegd eiland in de Oosterschelde. Behalve een doorlopende expositie over de Deltawerken vindt u hier diverse attracties.

VEERE (ZEELAND)

Het Veerse Gat

Landschuurweg 5, 4351 RR Veere T 0118-501432 F 0118-597257
www.staatsbosbeheer.nl/doen/opvakantie/kamperen
e-mail: b.vader@staatsbosbeheer.nl
01/04 – 31/10 **geopend** 2 ha / 50 toeristische plaatsen **oppervlakte**

77

route Van de weg Veere-Vrouwenpolder slaat u tegenover jachthaven Oostwatering de Landschuurweg in. Na 200 m ziet u rechts het kantoor en het kamphuis.

kampeerterrein Het Veerse Gat is gelegen in het bosrijke krekengebied net buiten Veere. De kampeerplaatsen liggen grotendeels verspreid en apart in het bos. Dit SBB-kampeerterrein is ideaal voor wie op het 's zomers drukke Walcheren buiten de grote toeristenstromen wil blijven. Het verblijf midden in het Veerse Bos garandeert een grote mate van rust. Er zijn volop watersportmogelijkheden in het nabijgelegen Veerse Meer.

omgeving Het Veerse Bos is een betrekkelijk jong natuurgebied, aangelegd op de plek waar in 1944, tijdens de bevrijding van Walcheren, de geallieerden met bommen gaten in de dijken hadden geslagen. De kracht van het in- en uitstromende water maakte diepe geulen in het land vlak achter de dijk en zo ontstonden de kreken. In 1953 werd begonnen met de aanleg van een bos. Nu staat hier een grote variëteit aan bomen (eiken, iepen, essen en populieren) en struiken. In het bos leeft een bonte rijkdom aan vogels en de kreken bieden een rustgebied voor talloze eenden. Staatsbosbeheer heeft een wandeling door het natuurgebied uitgezet. Heel fraai is het stadje Veere, van oorsprong een eenvoudig vissersdorp, maar in de loop van de 16e eeuw uitgegroeid tot een belangrijke stapelplaats van Schotse wol. De laatgotische huizen (1561) aan de Kaai, die de Schotten bouwden voor de wolopslag, herinneren nog aan deze tijd. Toen aan de lucratieve handel met de Britten een einde kwam door de komst van de Fransen in 1799, viel de stad terug op de garnalenvisserij. Na de afsluiting in 1961 van het Veerse Gat maakten de vissers plaats voor watersportliefhebbers en tegenwoordig is Veere een drukbezochte jachthaven. Bezienswaardig zijn de Campveerse toren (15e eeuw), een overblijfsel van de versterkingen rond de stad, de stenen stellingmolen De Koe aan de haven, het oude stadhuis (1474) en de Grote Kerk (14e eeuw) aan de Markt. De Schotse Huizen (Kaai 25-27) zijn nu ingericht als museum. De collectie omvat onder meer Zeeuwse klederdrachten en een verzameling 17e- en 18e-eeuwse meubels, sieraden en schilderijen.

SEROOSKERKE (ZEELAND)

De Boshoek

Boshoekweg 5, 4353 SE Serooskerke T 0118-591264 F 0118-594642
e-mail: contact@campingdeboshoek.nl
geopend half maart – 31/10
oppervlakte 0,5 ha / 12 toeristische plaatsen

78

route Neem vanaf Middelburg de N57 richting Vrouwenpolder. Na de molen van Serooskerke de tweede weg links. De Boshoek ligt na 800 m aan uw rechterhand.

kampeerterrein Dit is een rustig en fraai gelegen boerderijcamping in een oude fruitboomgaard. Het terrein bezit een veld met prachtig aangelegde bloemenborder en vrij uitzicht over de akkers. Er zijn ook drie stacaravans te huur.

omgeving Serooskerke ligt midden in het vlakke landschap van Walcheren, een ideale omgeving om te wandelen en te fietsen. De nabijheid van de Noordzee en het Veerse Meer betekent dat ook de watersportliefhebber ruimschoots aan zijn trekken komt. Serooskerke kreeg landelijke bekendheid toen in 1966 een boerenknecht er op het land duizend gouden munten vond. Het zwembad van Serooskerke, De Goudvijver, werd met een deel van de opbrengst aangelegd. Jaren later kwam bij de sloop van een pand naast de kerk een pot met zilveren munten boven de grond. Dit gaf weer een heel nieuwe dimensie aan het begrip 'Zeeuwse zunigheid'. Wie trouwens tijdens zijn vakantie zin heeft om met het slijk der aarde te gooien, kan een dagje gaan winkelen in Middelburg. De hoofdstad van Zeeland is een gezellige, maar zeker ook mooie historische stad met tal van winkels, musea en monumenten. De stad werd in de 12e eeuw gesticht door kanunniken en ontwikkelde zich al spoedig tot een welvarende handelsplaats. Behalve actief in de lakenhandel was Middelburg een belangrijke stapelplaats van Franse wijnen uit Rouen; hieraan herinnert nog de Rouaansekaai. In 1574 veroverden de Watergeuzen de stad. De versterkingen die in deze tijd werden gebouwd, zijn nog vrijwel geheel intact. Ook in de 17e en 18e eeuw was Middelburg welvarend, toen de Verenigde Oost- Indische Compagnie er een kantoor had gevestigd. Het prachtige oude centrum, dat in deze periode ontstond, werd tijdens bombardementen in 1940 zwaar beschadigd. Alleen de kanunnikenwoningen van de abdij bleven gespaard. Na de oorlog herstelden de Zeeuwen het grootste deel van de oude monumenten, en wie nu een blik werpt op het gotische stadhuis aan de Markt, zou niet zeggen dat het pas vijftig jaar oud is.

HOOFDPLAAT (ZEELAND)

Scheldehoeve

Hogewegdijk 5, 4513 KG Hoofdplaat T 0117-348333 F 0117-340077
www.people.zeelandnet.nl/temmerman e-mail: scheldehoeve@zeelandnet.nl
half maart – 31/10 **geopend**
1 ha / 15 toeristische plaatsen **oppervlakte**

79

route Vanaf Terneuzen: 2 km buiten Hoofdplaat linksaf, eerste boerderij rechts. Vanaf Breskens: 2 km voor Hoofdplaat rechtsaf, vervolgens na 1 km de eerste boerderij rechts (let op het bord 'Scheldehoeve').

kampeerterrein Rustig gelegen boerderijcamping in het uitgestrekte Zeeuwse polderlandschap. De kampeerplaatsen zijn met struiken omzoomd om de privacy te bevorderen. Het terrein is zeer kindvriendelijk en autovrij. Dit is een boerderij in vol bedrijf. Tijdens het melken kan men een kijkje in de stal nemen. Bij voldoende deelname worden er rondleidingen in de bedrijfsgebouwen en eventueel op het veld gegeven.

omgeving De directe omgeving biedt veel fiets- en wandelmogelijkheden, en op de dijk worden regelmatig zeehengelwedstrijden gehouden. Het nabijgelegen recreatiegebied De Braakman grenst aan het gelijknamige natuurreservaat met een interessante vegetatie en vogelrijkdom. Hoofdplaat ligt in een van de meest recent ingepolderde stukjes Zeeuws-Vlaanderen. Het dorp heeft een mooi zaalkerkje (1785) en een opvallend stadhuis. De omgeving bestaat uit een vruchtbaar landschap met oude polderdijkjes, waarover heerlijk te fietsen valt. De nabijheid van steden als Antwerpen, Brugge en Gent biedt de mogelijkheid van een aangenaam dagje uit. De Tachtigjarige Oorlog heeft veel invloed in dit gebied gehad. Er zijn verschillende goed bewaarde vestingstadjes, zoals Sluis, IJzendijke, Retranchement en Aardenburg. Dit laatste plaatsje is oeroud; het was al 5000 jaar v.C. bewoond. De Romeinen hadden er een nederzetting en in de middeleeuwen groeide het uit tot een belangrijk bedevaartsoord. De 13e-eeuwse St.-Bavokerk is het enige voorbeeld van Scheldegotiek in Nederland. Het Gemeentelijk Archeologisch Museum (Marktstraat 18) heeft een rijke collectie, die is toegespitst op de Romeinse tijd. Het krijgshaftige verleden van Zeeuws-Vlaanderen heeft ook zijn sporen in het landschap nagelaten. De vele watertjes en kreken die u in de omgeving vindt, zijn niet alleen het gevolg van inpoldering; veel ervan ontstonden door inundaties, het onder water zetten van gebieden in tijden van oorlog. De zeewering langs de kust van Zeeuws-Vlaanderen werd recent op deltahoogte gebracht, waarbij een asfaltweg aan de zeezijde is aangelegd. Een rit over deze weg, die niet voor niets de Panoramaweg heet, biedt een prachtig uitzicht over de Westerscheldemonding en de kust van Walcheren.

VOGELWAARDE (ZEELAND)

De Kamperhoek

Campensedijk 50, 4581 PW Vogelwaarde T 0114-676002

geopend 01/04 – 30/09
oppervlakte 1 ha / 15 toeristische plaatsen

80

route Neem vanaf Perkpolder of Antwerpen de weg naar Terneuzen (N61). Daarna afslag Vogelwaarde (Rapenburg) en de Bossestraat in. Deze uitrijden en rechts de Campensedijk op.

kampeerterrein De Kamperhoek is een natuurkampeerterrein op een groot boerenbedrijf. Er zijn goede sanitaire voorzieningen, speeltoestellen voor kinderen, ezels, een hangbuikzwijn en Shetlandpony's, en op de dijkjes rond de boerderij kunt u heerlijk wandelen en fietsen. Vlakbij ligt het recreatiegebied De Vogel, een oude binnenkreek met een wandelbos en speelweiden.

omgeving In het zuidoosten van Zeeuws-Vlaanderen ligt een uitgestrekt gebied van slikken en schorren: het Verdronken Land van Saeftinghe. Ooit was dit vruchtbaar polderland, maar tijdens de Allerheiligenvloed in 1570 liep het grootste deel onder water. Vier dorpjes werden door het water verzwolgen. Een deel werd later weer ingedijkt; de rest is nu een natuurreservaat. Het is een belangrijk broed- en rustgebied voor vogels en er groeien bijzondere planten, die zich hebben aangepast aan het brakke water. Omdat er een verraderlijke getijdenwerking heerst, mag u het gebied alleen onder begeleiding betreden. Excursies vertrekken vanuit het dorpje Paal. Enkele kilometers ten zuiden van het Verdronken Land, bij het plaatsje Nieuw-Namen, ligt een ander opmerkelijk natuurfenomeen, het zogenoemde 'zandgelaag' op De Kauter. De Kauter is een 2,5 miljoen jaar oude heuvel en de enige plek in Nederland waar men pleistocene zandafzettingen bovengronds kan aanschouwen. Het rode zand bevat duizenden fossielen. De toegang tot de zandgroeve bereikt u via een bospaadje achter het kerkhof van Nieuw-Namen. De Hulst, waarvan de 17e-eeuwse stadswallen goed bewaard zijn gebleven, is een gezellige plaats met veel winkels, restaurants en cafés. Maak een wandeling over de muren en u krijgt een indruk van de vele monumenten. Heel fraai zijn het stadhuis (16e eeuw) en de in gotische stijl gebouwde basiliek. Het streekmuseum De Vier Ambachten (Steenstraat 28) is ondergebracht in het laatmiddeleeuwse refugium (vluchthuis) van de abdij Ter Duinen in Koksijde. De verzameling omvat klederdrachten, gebruiksvoorwerpen, oude kaarten, gildenattributen en prehistorische vondsten (uit het zandgelaag op De Kauter). Hulst en omgeving is het decor van de Nederlandse versie van het epos Van den Vos Reinaerde. Naast de Gentsepoort staat een beeld van de slimme vos.

NIEUW-VOSSEMEER (NOORD-BRABANT)

De Kreek

Moorseweg 1-B, 4681 SM Nieuw-Vossemeer T 0167-503480
e-mail: bijdekreek@hotmail.com
half mei – 30/09 **geopend**
0,8 ha / 15 toeristische plaatsen **oppervlakte**

81

route Gelegen aan de weg tussen Nieuw-Vossemeer en De Kladde/Lepelstraat, in de buurt van Steenbergen. Ingang naast Moorseweg 1-B. Nabij LAW 5-1.

kampeerterrein De Kreek ligt tegen de grens van West-Brabant en Zeeland aan. Het is een open terrein zonder afgebakende plaatsen, omgeven door een boswal, een kreek en een dijk. Het is een mooi stukje natuur, met een kikkerput en een oud boomgaardje. Het sanitair is keurig en het geheel ligt er prima onderhouden bij.

omgeving Het gebied van Nieuw-Vossemeer dateert van 1489, toen de grond aan de oostkant van de Eendracht (nu Schelde-Rijnkanaal) werd bedijkt. Het dorp werd gesticht in 1567, maar verdween in 1578 alweer van de kaart vanwege de Tachtigjarige Oorlog (1568-1648). Soldaten brandden de huizen plat en zetten de polders onder water. Bij het Twaalfjarig Bestand (1609-1621) begon de wederopbouw, waarschijnlijk op een iets andere plek. De Watersnoodramp van 1953 trof Nieuw-Vossemeer zwaar: vijftig inwoners verdronken. Tot hun nagedachtenis staat op de dijk, waar de zee is binnengedrongen, een herdenkingskruis. In 1996 is aan de Voorstraat een nieuw watersnoodmonument gerealiseerd. Het nabijgelegen Prinsland is een open polderland met oude zeedijken en restanten van kreken. Met name bij de Rietkreek leven interessante zoutminnende plantensoorten. Op de Slikken van De Heen, aan de Krammer, mag de natuur haar gang gaan. Het gebied verandert snel in bos. Er komen vogels voor als blauwborst, velduil, roerdomp en kluut. Fraai is ook Sint-Philipsland Buitendijks, dat rond het gehele voormalige eiland loopt en waar talloze eenden, ganzen en steltlopers hun voedsel vinden. Het voormalige eiland Tholen is een en al landelijkheid, met onder meer het zusterdorp Oud-Vossemeer en de stadjes Sint-Maartensdijk en Tholen, die heel wat allure hebben. Het centrum van de streek is Bergen op Zoom (stadsrechten 1260), waar het fraaie stadspaleis Markiezenhof (voltooid in 1511) de eerste bezienswaardigheid is. Het is nu een museum met monumentale stijlkamers. De oude vestingstad herbergt vele monumenten, maar is ook een fijne winkel- en uitgaansplaats, die bovendien prat kan gaan op allerlei evenementen, zowel historische (Maria-Ommegang, openluchtspektakels van de Vierschaar) als eigentijdse, bijvoorbeeld de Bourgondische Krabbenfoor in juli, een uit de hand gelopen braderie, die jaarlijks honderdduizenden bezoekers trekt.

BOSSCHENHOOFD (NOORD-BRABANT)

Kampeerderij Landgoed de Wildert

Pagnevaartdreef 3, 4744 RE Bosschenhoofd T 0165-312582
www.landgoeddewildert.nl
01/04 – 30/09 **geopend**
15 ha / 110 toeristische plaatsen **oppervlakte**

82

route Neem vanaf de rijksweg A58 tussen Roosendaal en Breda afslag 20 (Sint-Willibrord, bij het einde van de afrit richting Hoeven) of 21 (Bosschenhoofd) en volg de borden De Wildert.

kampeerterrein Met het woord 'kampeerderij' wil de eigenaar van Landgoed de Wildert uitdrukkelijk aangeven dat hier de nadruk ligt op karakteristiek kamperen, verblijf in de natuur en genieten van flora en fauna (onder meer hazen, fazanten, spechten). Door de diversiteit van de beplanting wordt geprobeerd zo veel mogelijk soorten vogels, vlinders en kleine zoogdieren te lokken. Herstel van het vervallen landhuis staat nog op de wensenlijst. De camping biedt een jeu-de-boulesbaan, een tennisbaan en tafeltennistafels. Wilt u een keer lekker uit eten, dan kunt u op het terrein terecht in Auberge D'n Haard. Reserveren is op deze natuurcamping verplicht. Wie van plan is langere tijd te blijven, kan vooraf persoonlijk een mooi plekje komen uitzoeken om te staan.

omgeving Op loopafstand van de camping liggen het wandelbos Pagnevaart, het bosbad Hoeven en de Sterrenwacht Simon Stevin. Richting Rucphen, aan de Roosendaalsebaan vindt u het Landgoed 'De Oude Buisse Heide'; als u hier rechts een laantje in gaat komt u bij het prieeltje van het bekende schilders-dichtersechtpaar Roland Holst. Op wat grotere afstand ligt in zuidelijke richting de Rucphense en Langendijkse Heide, een heerlijk fiets- en wandelgebied, met 's winters langlaufroutes. Rucphen heeft verder een mooie heemtuin, met daarin de meeste in Nederland voorkomende wilde planten. Nog wat verder naar het zuidwesten ligt net over de grens de Kalmthoutse Heide, een van de grootste natuurreservaten van Vlaanderen. Bij een bezoek aan deze streek kunt u niet heen om de basiliek van de H.H. Agatha en Barbara, oftewel 'de kathedraal van Oudenbosch'. Deze eind 19e eeuw onder leiding van bouwmeester Cuypers gebouwde – verkleinde en vereenvoudigde – kopie van de St.-Pieter in Rome (met de façade van de St.-Jan van Lateranen) is een wel zeer opvallende verschijning in het verder dorpse Oudenbosch. U bent tevens in de nabijheid van de steden van West-Brabant: Breda, Roosendaal en Bergen op Zoom, stuk voor stuk gemoedelijke plaatsen met een ruim aanbod aan restaurants, terrasjes en cafés.

DEN HOUT (NOORD-BRABANT)

Bergvlietse Bossen

Ter Aalst 11, Den Hout T 06-29097984 F 076-5651656
www.bergvlietsebossen.nl e-mail: info@bergvlietsebossen.nl
geopend 01/04 – 30/09
oppervlakte 2 ha / 36 toeristische plaatsen

83

route Volg vanaf Den Hout de weg Ruiterspoor tot de Ter Aalsterbrug (Markkanaal) en steek deze over. Sla 300 m na de brug op de vijfsprong rechtsaf naar Ter Aalst. Volg de bordjes.

kampeerterrein De Bergvlietse Bossen is een rustig VNK-natuurkampeerterrein te midden van de bossen tussen Breda en Oosterhout. De ruime kampeerplaatsen zijn bijzonder fraai gelegen. Er zijn leuke voorzieningen voor de kinderen.

omgeving Er zijn in de omgeving goede fiets- en wandelmogelijkheden, zoals Terheijden met zijn eendenkooi, de Vrachelse Heide (pas op, deels militair oefenterrein!) en de Oosterheide met de opmerkelijke Kalix Berna, ook Kalbergen of Engelse Bergen genoemd, drie heuveltjes die in 1769 door een legerkamp werden opgeworpen als kogelvangers. Binnen een straal van 25 km liggen attractiepunten als de Biesbosch, de Efteling, het Land van Ooit en de Beekse Bergen. Den Hout behoort tot de gemeente Oosterhout, een oud Brabants dorp met twee kernen, doordat het vroeger in twee rechtsgebieden lag: rond de Markt heerste de baron van Breda en bij de Heuvel de Orde van de Tempeliers. De Heuvel is nog steeds een van de mooiste pleinen van Brabant. Let vooral op de geveltjes. Het voormalige Vrijheidshuis dateert uit 1620 en werd in 1840 verbouwd. De tempeliers, later ridders van St.-Jan, woonden in kleine omgrachte kastelen ('de slotjes') zuidelijk van het oude centrum. Er zijn er nog vier te zien: Brakenstein, Huize Borsselen, Huize Beveren en Huize Limburg, dat in gebruik is als gemeentehuis. De zusters van het norbertinessenklooster St.-Catharinadal aan de Kloosterdreef restaureren boeken en drukken die nog op traditionele wijze. De kern van het klooster is de Blauwe Kamer (15e eeuw). De grote St.-Janskerk aan de Markt dateert eveneens uit de 15e eeuw. De Linie van den Hout, aan de rand van het dorp, is een vestingwerk uit 1701 en werd gebouwd door Menno van Coehoorn. Van het kasteel Strijen (1290) is alleen nog een deel van de vierkante toren over. Er is in Oosterhout voorts een Bakkerij Museum (Klappeijenstraat 47), waar men kan zien – en ruiken – hoe vroeger brood gebakken werd.

GILZE (NOORD-BRABANT)

Schouteveld

Schouteveld 1, 5226 NB Gilze T 0161-432076

01/01 – 31/12 **geopend**
1,5 ha / 40 toeristische plaatsen **oppervlakte**

84

route Neem van de A58 afslag 13 naar Bavel. Bij de T-splitsing richting Bavel aanhouden. Bij restaurant Voorheen de Brouwers linksaf, viaduct over en de borden volgen. In het bos de eerste kruising links. Vanaf Ulvenhout volgt men richting Auberge de Fazanterie en daarna de borden. Aan LF 47.

kampeerterrein Het NTKC-terrein Schouteveld ligt tussen bomensingels en bosschages achter de gelijknamige boerderij. Het decor van bossen en agrarisch land is fraai. Er staan wat speeltoestellen voor de kinderen, maar vooral de dieren (paarden, honden) zullen ze mooi vinden. Het sanitair is voldoende. De hele sfeer is er een van stilte op een afgezonderde plek.

omgeving U bent hier in de Baronie van Breda, die gekenmerkt wordt door enkele grote natuurgebieden. Het terrein ligt in het Ulvenhoutse Bos en Chaam, 2000 ha naaldbos, weiland en vennen. Het Voorbos bij Ulvenhout is een oud eikenbos. In de nabijheid liggen ook de Loonse en Drunense Duinen, het grootste stuifzandgebied van Europa, een openbaring voor elke bezoeker. Planten als zandzegge en buntgras en enkele mossen weten de barre omstandigheden te weerstaan, en er komen dieren voor als de levendbarende hagedis en de boomleeuwerik. Het terrein ligt midden tussen de steden Breda en Tilburg. Breda, de monumentenstad, heeft binnen zijn grenzen het kasteel van Breda, de eerste residentie van het Huis Nassau. Het oorspronkelijk 12e-eeuwse slot werd tussen 1536 en 1538 gemoderniseerd, waardoor het nu wordt gezien als het eerste voorbeeld van de renaissancebouwkunst in de Nederlanden. In de kruisbasiliek Grote of Onze-Lieve-Vrouwekerk (begonnen circa 1400) liggen de graven van de Nassaus naast die van de heren van Breda. Een bijzondere kerk is de lutherse, een schuilkerk achter een poortje op de Veemarktstraat. Tilburg heeft met Lolland, wat de grootste overdekte speeltuin van Nederland is, en de grootste kermis van Europa (laatste week juli) vooral kinderen en jongeren iets onvergetelijks te bieden. Maar als het niet genoeg is, ook safaripark/speelland de Beekse Bergen (Hilvarenbeek) en het fameuze attractiepark De Efteling (Kaatsheuvel) liggen gemakkelijk binnen bereik. Tot slot nog iets heel erg niet-rustieks: op de vliegbasis van Gilze worden elk jaar begin juli de open dagen van de Koninklijke Luchtmacht gehouden, met een luchtshow...

BERGEIJK (NOORD-BRABANT)

De Witrijt

Witrijt 19, 5571 XH Bergeijk T 0497-514689 F 0497-512614
www.staatsbosbeheer.nl/doen/opvakantie/kamperen e-mail: nkt.witrijt@iae.nl
geopend 01/04 – 30/09
oppervlakte 0,5 ha / 15 toeristische plaatsen

85

route In boswachterij De Kempen. Vanaf Eersel richting Postel tot 500 m voor de Belgische grens. Bij de picknickplaats linksaf.

kampeerterrein De Witrijt is een SBB-kampeerterrein in een bosrijke omgeving nabij de Belgische grens. Het is een schaduwrijk terrein, op een fraai intiem terreintje midden in het bos. Rondom liggen bossen, heidevelden en vennen. Het terrein is heel eenvoudig (alleen koude douches) en uitsluitend toegankelijk voor tentbezitters.

omgeving Boswachterij De Kempen telt ruim 1000 ha naaldbos en heideterreinen. Het gebied eromheen is landschappelijk al even waardevol, met bossen en open natuurgebieden, afgewisseld met landbouwgebied. De Hapertse Heide en de Cartierheide (Natuurmonumenten) worden 's zomers begraasd door runderen. Aan weerszijden van de Goorloop ligt zeldzaam gagelstruweel en moerasbos. Kortom, dit is een geweldig gebied om te wandelen of te fietsen. Een stad in de buurt is Valkenswaard, een levendig toeristencentrum met veel restaurants en cafés. Valkenswaard heette in de middeleeuwen Verkenswedert, naar de vele varkensmarkten die er werden gehouden. Zijn huidige naam dankt de plaats aan de valkerij. Reeds in 1500 werden er valken gevangen en gedresseerd, en rond 1700 waren de Valkenswaardse valkeniers beroemd aan alle Europese hoven. De Franse Revolutie bracht echter een zware slag toe aan de praktijk van de valkenjacht. Het Kempische zanddorp verloor een belangrijk deel van zijn inkomsten en in de loop van de 19e eeuw schakelde men over op de sigarenindustrie. In het Cultuur Historisch Museum van Valkenswaard, Markt 17, kunt u alles te weten komen over de valkerij en de sigarenmakerij. Van de omliggende dorpen is vooral Riethoven interessant, omdat er prehistorische grafheuvels en een urnenveld zijn gevonden. Westerhoven heeft een gezellig dorpscentrum met terrasjes. Eersel biedt met zijn E3-strand (32 ha helder water!) een geweldig stuk dagrecreatie, met onder meer waterglijbanen, kinderbaden en een grote speeltuin, een afgescheiden gedeelte voor naaktrecreatie en picknicktafels. Bergeijk herbergt het boeiende Eicha Museum, het archeologisch museum voor de Brabantse Kempen, met voorwerpen van de prehistorie tot de late middeleeuwen. In de buurt van het museum kunt u enkele grafheuvels uit de bronstijd bezoeken.

LEENDE (NOORD-BRABANT)

Klein-Frankrijk

Kapelstraat 20, 5595 GK Leende T 06-54286194
www.tentkamperen.nl e-mail: klein-frankrijk@tentkamperen.nl
01/01 – 31/12 **geopend**
2 ha / 35 toeristische plaatsen **oppervlakte**

86

route Vanaf de A2, afrit 34, richting Leende, bij de kerk van Leende op de T-splitsing rechts. Daarna volgt u de ANWB-bordjes 'Fietsroutenetwerk' richting Leenderstrijp. Hier gaan de bordjes over in fietsroute 54. Na knooppunt 54 (nabij Coöp St.-Jan) de fietsroute 53 volgen, let op de afslag naar de Kapelstraat, die naar de bosrand loopt. Bij de bosrand rechts naar Klein-Frankrijk.

kampeerterrein Een van de sterke punten van deze camping is het maar liefst 40.000 m^2 grote meer, waarin u naar hartenlust kunt zwemmen en kanoën. De kwaliteit van het zwemwater is zeer goed en blijft dat ook tijdens hittegolven. Deze kwaliteit is mede te danken aan het feit dat men het aantal gasten beperkt houdt en huisdieren niet toelaat. De tenten staan langs de bosrand van het Leenderbos, dat beschutting biedt tegen de westenwind. U kunt elke dag vers brood en kruidenierswaren halen in de Coöp St.-Jan, het dorpswinkeltje van het gehucht Leenderstrijp op 1 km van het kampeerterrein. U kunt tijdens uw vakantie tevens uw krant naar deze winkel laten doorsturen. De camping is niet toegankelijk voor auto's, groepen jongeren en kinderen jonger dan zes jaar.

omgeving Het kampeerterrein ligt aan het Leenderbos. In dit bos zijn grote stukken heide te vinden. De Leenderheide wordt kort en mooi gehouden door een kudde Kempische heideschapen, die men overal op de heide kan tegenkomen.
Aan het eind van de heide staat op een lange laan met oude beuken in de verte de grote poort van een klooster, de Achelse Kluis, dat precies op de grens van Nederland en België staat. Er leven hier nog enkele trappisten, die onder meer een klein religieus winkeltje bemannen en een brouwerij drijven. Bij het klooster ligt een groot terras, waar men kan genieten van trappistenbier van het vat. Men kan in deze omgeving heerlijk wandelen. Voor groepen van minimaal 10 personen worden door de natuurgidsen van het IVN rondleidingen verzorgd. U moet dat ten minste twee weken van tevoren aanvragen (tel. 040-2262345).
Andere attracties in de omgeving van het kampeerterrein zijn het nog altijd door een adellijke familie bewoonde, 17e-eeuwse kasteel Heeze in Heeze, de St.-Janskapel, het beschermde dorpsgezicht van Leenderstrijp (waar u vers brood kunt krijgen), de kerk St.-Petrus' Banden in Heeze en de Bergkorenmolen St.-Victor uit 1852, die volledig in bedrijf is en op zaterdag kan worden bezocht.
De Brabantse Kempen vormen een fantastisch gebied voor fietstochten. Het fietsroutenetwerk sluit hier aan op dat van de Peel en de Belgische Peel.

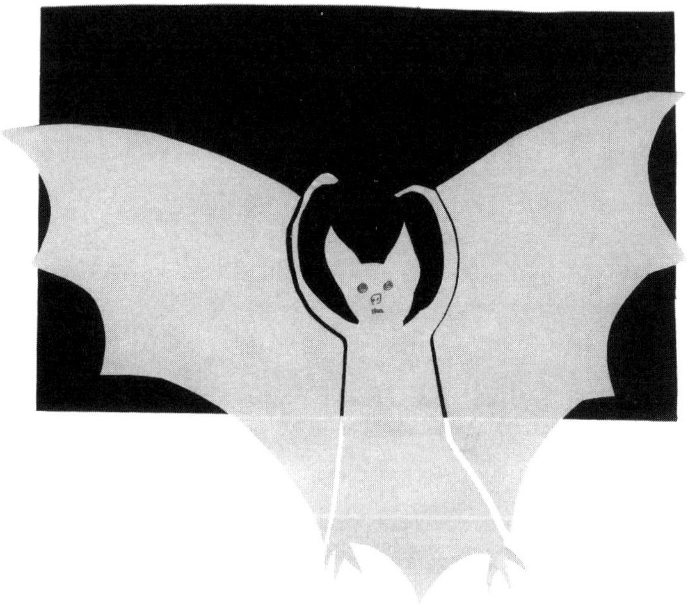

LIEROP (NOORD-BRABANT)

De Lier

Moorselseweg, 5715 PX Lierop T 0493-479274/06-23269945 F 0493-479051
www.natuurkampeersite.nl e-mail: aht.smulders@hccnet.nl
begin april – 30/09 **geopend**
1 ha / 27 toeristische plaatsen **oppervlakte**

87

route Gelegen 1,5 km zuidwestelijk van Lierop, richting Moorsel. Houd buiten de bebouwde kom bij de splitsing links aan. Sla op de Moorselseweg na 50 m het eerste zandpad rechts in. Vlak bij LAW 7 en LF 7.

kampeerterrein De Lier is een rustig gelegen natuurkampeerterrein in de bossen nabij de Lieropse en Strabrechtse Heide. Het terrein bestaat uit vier grasveldjes, waaronder een apart trekkersveldje. Het zijn ruime plaatsen, die door een groot aantal nisjes op het terrein veel privacy bieden. Door de rustige en besloten ligging en speelmogelijkheden is dit terrein ook heel geschikt voor jonge gezinnen met kinderen. Er zijn een kampvuurplaats, een zandbak en een klimboom. Het gebruik van een chemisch toilet is niet toegestaan, elektriciteit is beperkt aanwezig. Veel fiets-, wandel- en skeelermogelijkheden. Voor uw dagelijkse boodschappen is Lierop de aangewezen plaats. Reserveren is aan te bevelen.

omgeving Lierop is een klein dorp op de grens van de Peel en de Kempen. Opvallend is de enorme kerk, rond 1890 gebouwd in neoromaans-gotische stijl. Het landschap in de omgeving wordt gekenmerkt door akkers, bossen en heidevelden. De Lieropse en Strabrechtse Heide, ten zuidwesten van Lierop, vormen een uitgestrekt natuurgebied met vele vennen. Voor wandelaars, fietsers en skeeleraars zijn tochten uitgestippeld door het karakteristieke Brabantse landschap met zijn langgevelboerderijen. U kunt onderweg bijvoorbeeld kasteel Heeze te Heeze bezoeken, dat in de 17e eeuw werd ontworpen door Pieter Post en nog altijd wordt bewoond. Er zijn onder meer Vlaamse wandtapijten, gobelins en een bijzondere, 18e-eeuwse badkamer met peervormig bad te zien. Op het terrein liggen de resten van het 15e-eeuwse kasteel Eymerick. Aan de andere kant van de Zuid-Willemsvaart kunt u in Asten een bezoek brengen aan het Nationaal Beiaardmuseum (klokken en bellen uit de hele wereld) en het Natuurhistorisch Museum De Peel, dat over een bijenhal, een vleermuizenkelder en een kruidentuin met zevenhonderd verschillende planten beschikt. Ten zuidoosten van Asten ligt het Nationaal Park De Grote Peel, een uniek veenlandschap met moerassen, rietkragen en wilgenbossen. Voor informatie over wandelroutes en de geschiedenis van de Peel kunt u terecht in het bezoekerscentrum 'Mijl op Zeven'.

AARLE-RIXTEL (NOORD-BRABANT)

Eco-touristfarm De Biezen

De Biezen 4a, 5735 SM Aarle-Rixtel T 0492-462903
www.eco-touristfarm.com e-mail: info@eco-touristfarm.com
geopend 15/02 – 31/10
oppervlakte 1 ha / 20 plaatsen

88

route Rijd vanuit Den Bosch over de N279 richting Helmond (langs het kanaal), sla bij de rotonde in Boerdonk rechtsaf, volg bij Brug in Beek en Donk de N272 richting Gemert, ga dan na 150 m naar rechts bij het bord 'Missieklooster'. Na het klooster vindt u Eco-touristfarm De Biezen na 1 km aan de linkerkant.

kampeerterrein Een stilte- en natuurbelevingscamping in een landgoed midden in de natuur, in het mooie dorpje Aarle-Rixtel. Het kampeerterrein, waar geen balspelen mogen worden gespeeld, geldt als zeer geschikt voor kinderen tot zo'n 10 jaar oud. U kunt uw eigen tent opzetten, maar ook een van de stacaravans huren. Op het landgoed, waar een eigen beek doorheen stroomt, kunt u veel inheemse vogels zien, zoals vier soorten uilen (ransuil, kerkuil, steenuil en bosuil), spechten en tal van andere vogels, waaronder de houtsnip, de wielewaal, de nachtegaal, de havik, de buizerd, de boomvalk, de ijsvogel. Maar niet alleen vogelaars, ook liefhebbers van planten, vlinders en bomen komen op het landgoed aan hun trekken. Op het kampeerterrein leven ook enkele dieren die vooral voor de jongere gasten zijn bedoeld, zoals een pony, een geit en konijnen.

omgeving Het kampeerterrein grenst aan de fraaie natuurreservaten De Biezen en de Grotelse Heide, waar men kan fietsen en wandelen. Eveneens de moeite waard voor natuurliefhebbers is het Natuurhistorisch Museum De Peel, waar men kan kennismaken met de natuur van Nederland en dan met name van De Peel. In de buurt van het museum ligt een tweetal waardevolle natuurgebieden: de Strabrechtse Heide en Nationaal Park de Groote Peel.
Tot de culturele bezienswaardigheden in de omgeving behoort onder meer het Gemeentemuseum Helmond, met tentoonstellingen van oude en moderne kunstwerken. Het is gevestigd in een middeleeuws kasteel.
Het interessante Boerenbondmuseum in Gemert biedt een inkijkje in het leven en werken op een boerderij anno 1900. Het museum bestaat uit een boerderij met levende dieren, een bijenhal en een kinderboerderij, tentoonstellingen, tuinen en akkers ingericht zoals in 1900 en een ouderwets dorpsplein.
Gezellige dorpjes zijn Aarle-Rixtel, Beek en Donk, Lieshout, Mariahout, Gemert, Bakel en Mierlo. De dichtstbijgelegen grote steden zijn Helmond en Eindhoven. In Eindhoven zijn vooral het Van Abbemuseum en het Philipsmuseum zeer aanbevelenswaardig. Het eerste huisvest een collectie moderne kunst en het tweede is gevuld met historische producten uit de Philipsfabrieken.

HANDEL (NOORD-BRABANT)

Kampeererf 't Veldje

Heereveldseweg 66, 5423 VM Handel T 0429-326284
e-mail: visser.aenb@freeler.nl
half april – half september **geopend**
0,15 ha / 5 toeristische plaatsen **oppervlakte**

89

route Buslijn 25 (Helmond-Veghel) stopt in Handel. Vanuit de plaatsen Boekel, Elsendorp of Gemert volgt u de borden Handel. Op de verkeersdrempel Pastoor Castelijnsstraat/Pater Petrusstraat, bij café 'D'n Otter', gaat u de Heereveldseweg op. Het terrein ligt vervolgens op 1,5 km afstand. Aanmelden dient te gebeuren op huisnummer 66, dat iets verderop is.

kampeerterrein Dit kleine terrein is gesitueerd tussen hagen en struiken en ligt gedeeltelijk onder fruitbomen. Rondom is er uitzicht op zowel de bossen als de weidsheid van De Peel. De voorzieningen zijn eenvoudig. Elektra-aansluitingen bevinden zich op maximaal 40 m van de kampeerplaats. Naast tenten worden er kleine campers toegelaten. Natuurlijk zwemwater (recreatieplassen) is te vinden op 1,5 km afstand. Alle eerste levensbehoeften zijn te koop in het dorp Handel.

omgeving Dit is het noordelijkste puntje van De Peel. Dit voornamelijk agrarische gebied wordt stilaan ingericht op recreatie en toerisme, waarin cultuurhistorische elementen worden hersteld, inclusief erfbeplanting. Na een aantal jaren van verplaatsing van veehouderijen uit natuurgebieden, aanleg van fiets- en wandelvoorzieningen en herstel van historische boerderijen is hier een aantrekkelijk gebied 'gereconstrueerd'. De gemeente Boekel, waarvan Handel deel uitmaakt, telt 100 ha bos, waarvan een belangrijk deel rond Handel. Wonderbaarlijke genezingen sinds eind 17e eeuw maakten van het dorp Handel een bedevaartplaats. De Keskesdijk, met de zeven kastjes waarin de zeven smarten van Maria staan afgebeeld, de Maria-kapel ter plekke en de O.L.V. Ten Hemelopnemingskerk trekken nog steeds. De aangrenzende gemeente Gemert-Bakel zet zich met succes in voor erkenning als 'Kruidentuin van Nederland'. Het middeleeuwse Kasteel Gemert heeft een fraaie kruidentuin, net als het Boerenbontmuseum Gemert en kruidencentrum De Sprenk in kerkdorp De Mortel. Een bijzonder mooi museum in de buurt, zowel qua huisvesting als qua collectie, is het museum De Wieger in Deurne (Oude Liesselseweg 29), dat zich specialiseert in de figuratieve kunst van het begin van de 20e eeuw en dan met name het interbellum. Het is een eigenzinnig museum, dat zijn bezit dankt aan zowel stichter van de collectie Hendrik Wiegersma (de dorpsarts) en diens zoon en eerste conservator Pieter Wiegersma (zelf glazenier), als aan de kleine rij eigenzinnige conservatoren die hen opvolgden.

SINT-ANTHONIS (NOORD-BRABANT)

Vlagberg

Bosweg 42, 5845 EB Sint-Anthonis T 0485-381202
www.staatsbosbeheer.nl/doen/opvakantie/kamperen
e-mail: f.kalleveen@staatsbosbeheer.nl
geopend 01/04 – 31/10 **oppervlakte** 1,5 ha / 23 toeristische plaatsen

90

route Gelegen 1,5 km ten westen van Sint-Anthonis. Volg vanuit het centrum van het dorp de borden 'Ullingse Bergen' en sla vlak voor dat vakantiecentrum linksaf het bos in; het terrein ligt aan het einde van de weg, achter het boswachtershuis. Als het terrein vol is, kunt u misschien terecht op het nabije natuurkampeerterrein De Peelven, dat ook van Staatsbosbeheer is.

kampeerterrein Dit is een fraai gelegen SBB-terrein in boswachterij Sint-Anthonis. Er zijn afzonderlijke plaatsen, omgeven door singels, en er is een open grasveldje waar kampeerders omheen kunnen staan. De voorzieningen bestaan uit een waterkraan en een nieuw toiletgebouw. In de schuilhut die als slechtweeraccommodatie dient, staat een boekenkast. Naast het terrein is een begrazingsgebied met Kempische heideschapen en Schotse hooglandrunderen. In de omgeving zijn vijf wandelroutes uitgezet. Er zijn een fietspadennet van bijna 30 km en een ruiterpadennet van meer dan 20 km. De boswachter – zijn kantoor ligt naast de camping – verzorgt rondleidingen.

omgeving Sint-Anthonis ligt in het Land van Cuijk, een kleinschalig en rustig gebied, dat al voor onze jaartelling was bewoond. In de middeleeuwen was het een zelfstandige heerlijkheid met Cuijk als hoofdstad. Ooit strekten zich hier eindeloze heidevelden uit, afgewisseld met stuifzandgebieden; nu vindt men er hoofdzakelijk landbouwgrond en bossen. Sinds een aantal jaren is Staatsbosbeheer bezig de nogal saaie productiebossen, die uitsluitend bestaan uit naaldbomen, om te vormen tot een afwisselend bosgebied. Er worden loofbomen geplant en men laat de natuur meer haar gang gaan. In dit kader worden ook de schapen en hooglanders ingezet: zij moeten de heide behoeden voor verdere vergrassing.
Het dorp Sint-Anthonis is heel oud. Na de bouw van de St.-Anthoniskapel in de 14e eeuw ontwikkelde het zich tot een geestelijk centrum. De St.-Anthoniskerk aan de Brink dateert uit de 15e eeuw. In Cuijk is het Amerika Museum (Grotestraat 62) een bezoek waard. De verzameling voorwerpen van de oorspronkelijke culturen van Noord- en Zuid-Amerika omvat textiel, aardewerk, sieraden, wapens, beelden en werktuigen. In het Museum Ceuclum, Castellum 1, wordt de geschiedenis van Cuijk belicht aan de hand van archeologische vondsten, documenten en foto's, met speciale aandacht voor de Romeinse periode.

BEERS (NOORD-BRABANT)

Landgoed de Barendonk

Millseweg 17, 5437 NB Beers T 06-22447254 F 0485-330027
www.barendonk.nl e-mail: info@barendonk.nl
01/01 – 31/12 **geopend**
1 ha / 30 toeristische plaatsen **oppervlakte**

91

route Neem vanaf de provinciale weg Cuijk-Grave de afslag Beers en volg de weg richting Mill. Na 2,5 km ligt links het monumentale herenhuis (Millseweg 13), waarachter zich het kampeerterrein uitstrekt. De beheerder woont op nr. 17 (voorbij de bocht aan de rechterkant). Aan LAW 107.

kampeerterrein Deze uit open grasveld bestaande LKC-camping biedt zeer royaal plaats aan ongeveer 30 tenten en caravans. Op het trekkersveld staat een kleurige, ouderwetse 'Pipo-woonwagen', die kan worden gehuurd, evenals enkele blokhutten. Kampeerders kunnen gebruikmaken van een keuken met een vierpits gasstel. Een aangrenzend vertrek dient als slechtweeraccommodatie.
Het landhuis dateert in zijn huidige vorm van omstreeks 1800. De fundamenten gaan echter terug tot 1484. Het is op een terp gebouwd vanwege de zogenaamde Beerse Overlaat; in vroeger tijden werd bij gevaarlijk hoogwater van de Maas bij Cuijk de dijk doorgestoken, zodat dit gebied onder water kwam te staan. Het kampeerterrein kijkt uit op weilanden en bossen. Landgoed de Barendonk is ook een paardenpleisterplaats, waar ruiters op trektocht hun paard kunnen stallen. Het veeteeltbedrijf (prachtige roodbonte koeien) van de beheerders op nr. 17 omvat tevens een paardenfokkerij. Wie een kijkje wil nemen, is van harte welkom.

omgeving Het 55 ha grote landgoed De Barendonk ligt ten zuiden van Beers, dat tot de gemeente Cuijk behoort, en vormt samen met de landgoederen Hiersenhof, Ossenbroek en Tongelaar een landschappelijk geheel, dat wordt gekenmerkt door bossen, weilanden, beken, wielen, boomgaarden en akkerland. Het gebied leent zich goed voor wandelen en fietsen. Belangrijke natuurgebieden in de omgeving zijn de Mookerhei, aan de andere kant van de Maas, het natuurpark Maashorst, tussen Uden en Schaijk, en, net over de Duitse grens, het Reichswald ten zuidwesten van Kleve.
Het culturele hart van de streek is Cuijk, met zijn streekschouwburg, kunstenaarscentrum, beeldentuin en drie musea, het Looierij Museum, het Amerika Museum en het historisch-archeologische Museum Ceuclum, gevestigd in de onderste twee geledingen van de 15e-eeuwse gotische Martinustoren. In de aangrenzende neogotische St.-Martinuskerk staat een van de oudste gerestaureerde kerkorgels van Nederland, uit 1639-1650 en waarschijnlijk gebouwd door Andries Severijn. Kinderen zullen graag een bezoek brengen aan recreatiepark De Bergen, een superspeeltuin en strandbad in Wanroij.

AFFERDEN (LIMBURG)

De Cokse Heide

Bleijenbeek, 5851 EE Afferden informatieadres: Kapelstraat 71, 5851 AS Afferden
T 0485-531558 F 0485-531673 e-mail: j.buittjes@staatsbosbeheer.nl
www.staatsbosbeheer.nl/doen/opvakantie/kamperen
geopend eind maart – 31/10 **oppervlakte** 1 ha / 24 toeristische plaatsen

92

route Ga vanaf het dorp Afferden richting Siebengewald. Sla de eerste weg na camping Roland links af, dan tweede weg rechts. Het kampeerterrein ligt 200 m verder. Aan LAW 9 Pieterpad.

kampeerterrein De Cokse Heide is een bijzonder mooi en rustig, met dennen begroeid SBB-terrein, midden in het prachtige Bergerbos. De plaatsen zijn ruim en het terrein is beperkt toegankelijk voor caravans en kampeerauto's; er is een apart trekkersveldje. Het sanitair voorziet in de basisbehoeften (er zijn geen warme douches) en u wordt uitdrukkelijk verzocht mee te helpen met het schoonhouden ervan. Er is geen beheerder aanwezig; aanmelden en afrekenen geschieden via een automaat.

omgeving Het Bergerbos maakt deel uit van een langgerekt natuurgebied, dat zich met enkele onderbrekingen aan de oostoever van de Maas uitstrekt van Nijmegen tot Venlo. Het bestaat uit beboste stuifzandruggen, mooie heidegebieden en vennen. Het bos gaat aan de westrand over in een coulisselandschap van oude ontginningsgronden. Er komen veel vogels voor en het is een van de weinige gebieden in Nederland waar nog dassen leven. Wat verder zuidwaarts komt u in de Eckeltse Bergen, de uitgestrekte boswachterij van de gemeente Bergen (waar nog enkele wandelende stuifduinen liggen), de Bosserheide, waar de Molenbeek doorheen stroomt, en het 800 ha grote landgoed De Hamert, een zeer bijzonder natuurreservaat met heidevelden, vennen, paraboolduinen en moerassen. Ook in noordelijke richting kunt u prachtige wandel- en fietstochten maken, onder andere naar het Heijense Bos, de Looierheide en de Zelderse Driessen, een fraai natuurgebied met eikenhakhout en schraal grasland aan het riviertje de Niers.
In de omgeving van Afferden worden niet alleen veel aardbeien verbouwd, maar u vindt hier ook uitgestrekte aspergebedden. Noord-Limburg is het belangrijkste gebied voor de teelt van asperges in Nederland. Als u in de oogsttijd (eind april – 21 juni) in deze omgeving verblijft, kunt u asperges direct van de kwekers kopen. Het oude dorp Afferden (eerste vermelding in 1176) biedt de nodige winkels en horeca. De heerlijkheid, die naast Afferden ook het gehucht Heukelom en enkele buurtschappen omvatte, behoorde eeuwenlang toe aan de heren van kasteel Blijenbeek. De ruïnes van het eind 14e eeuw gebouwde kasteel kunt u nog steeds bewonderen.

MERSELO (LIMBURG)

Endepoel

Loonsedijk 7, 5815 EH Merselo T 0478-546663
www.goedkamp.nl e-mail: endepoel@goedkamp.nl
eind april – begin september **geopend**
1,6 ha / 40 toeristische plaatsen **oppervlakte**

93

route Endepoel ligt ongeveer 3,5 km ten noordwesten van Venraij aan de Loonsedijk, die loopt van Merselo naar Overloon.

kampeerterrein Dit mooie SGK-terrein ligt in de Ballonzuilbossen halverwege Merselo en Overloon. Het is als een klaverblad opgebouwd uit vier velden, waar tenten of kleine caravans (geen toegang voor tandem-assers!) een ruime plaats zullen vinden. Op het veld voor de gezinstenten staan enkele speeltoestellen voor jonge kinderen. Keurig sanitair. Naast het kampeerterrein heeft de plaatselijke schutterij haar terrein. Gedurende het seizoen hebben zij regelmatig activiteiten waarbij u van harte welkom bent.

omgeving In het nabijgelegen Overloon kunt u terecht voor brood. Voor uw andere boodschappen bent u aangewezen op het vriendelijke winkelcentrum van Venraij. Hier vindt u een keur aan gezellige winkels, die u aan elk gewenst product kunnen helpen. De 15e-eeuwse basiliek St.-Petrus Banden, met haar 80 m hoge toren en bijzondere interieur, is zeker een bezoekje waard.
Dit is een streek waar u heerlijke fietstochten kunt maken. Met de fiets bent u in een halfuurtje bij de Maas, waarlangs u via Geysteren naar Arcen kunt fietsen om bijvoorbeeld de prachtige kasteeltuinen van kasteel Arcen te bewonderen. Er zijn een rosarium, subtropische en oosterse tuinen, diverse andere afdelingen en een groot bosgebied. Arcen is sowieso een levendige plaats, met speciale Arcense bieren en gedistilleerd, en een bloeiende horeca. Voor geneeskrachtig vocht moet u zijn in Thermaalbad Arcen, waar u kunt baden in mineraalrijke wateren die op 900 m diepte worden gewonnen.
Boven Arcen ligt het ruim 1500 ha grote Nationaal Park Landgoed De Hamert, met de bosgebieden Rode Hoek, Bosserheide en de Wellsche en de Looier Heide. Het gebied bestaat overwegend uit bossen en heidevelden, met als opvallend onderdeel de stuifzandruggen, paraboolduinen geheten. De Hamert is vooral bekend door zijn rijkdom aan amfibieën en reptielen. De archeologische vondsten van grafheuvels op het landgoed tonen aan dat hier enige eeuwen voor het begin van de jaartelling al mensen hebben gewoond. Dit hele gebied van Noord-Limburg en aangrenzend Noord-Brabant lag in de Tweede Wereldoorlog in de vuurlinie en op diverse plekken vindt u oorlogsbegraafplaatsen. Bij Overloon ligt het Nationaal Oorlogs- en Verzetsmuseum, met als onderdeel een park (14 ha) met zwaar oorlogsmaterieel.

GEIJSTEREN (LIMBURG)

Landgoed Geijsteren

Maarheseweg 4, 5862 AB Geijsteren T 0478-532601
www.campinglandgoedgeijsteren.nl
01/04 – 31/10 **geopend**
1,5 ha / 43 toeristische plaatsen **oppervlakte**

94

route Neem vanaf de A73 afslag 8, Venraij-Noord/Maashees; na 4 km afslag Geijsteren, na 800 m bij het naambord linksaf.

kampeerterrein Deze prettige camping op het uitgestrekte Landgoed Geijsteren (dat ook een algemeen kampeerterrein onderhoudt) ligt direct aan de Maas in een fraaie omgeving met bossen, weiden en boomgaarden. Het terrein, dat deels is begroeid met oude eiken, bestaat uit een aantal veldjes, waarop een deel van de plaatsen is afgeschermd door dennenhagen. U vindt er een leuk speelterrein voor de kinderen en er staan enkele trekkershutten. In de nabijheid van het kampeerterrein kunt u golfen op een 18-holesgolfbaan.

omgeving Het kampeerterrein ligt aan de rand van het 700 ha grote natuurgebied Geijsteren en Spraland, een bijzonder afwisselend gebied met naald- en loofbossen, zandverstuivingen, vennetjes, kleinschalig cultuurland en oude meanders van de Maas. Er lopen fietspaden en wandelroutes doorheen, die deels toegankelijk zijn voor rolstoelen. Aan de Oostrumsebeek, die door het landgoed loopt, staat de gerestaureerde watermolen Rosmolen. In het prachtige boscomplex van Landgoed Geijsteren, op een vijfsprong van wegen, ligt ook de St.-Willibrorduskapel, in 1641 herbouwd op een plaats waar de heilige predikte en doopte. Aan het water uit de put werd een genezende kracht tegen oogziekten toegekend. De Boshuizerbergen (130 ha) is een gebied met stuifduinen en mooie jeneverbesstruiken, grenzen aan het landgoed.
Voor liefhebbers van lange fietstochten is Landgoed Geijsteren een ideaal uitgangspunt. Als u bij Vierlingsbeek met het pontje de Maas oversteekt, bereikt u de natuurgebieden rond Afferden. Ook de westoever van de Maas, waarop het kampeerterrein ligt, leent zich uitstekend voor lange wandel- en fietstochten, bijvoorbeeld langs de Maas naar Wanssum, Broekhuizen, Lottum en Grubbenvorst. In de buurt van de twee laatstgenoemde dorpen worden veel rozen gekweekt; een prachtig gezicht als de rozenvelden 's zomers in volle bloei staan. U kunt naar Geijsteren terugkeren via de natuurgebieden Houthuizerheide, Schuitwater en de Swolgenerheide. Op de tocht langs de Maas komt u door een landschap met Maasheggen, een lappendeken van door hagen afgebakende weilandjes.

WEERT (LIMBURG)

Wega

Kruisbergenweg 2, 6006 VZ Weert T 0493-494922/06-22040955 F 0493-490965
www.natuurkampeersite.nl e-mail: wega@natuurkampeersite.nl
half april – half september **geopend**
3 ha / 52 toeristische plaatsen **oppervlakte**

95

route In Weert via de Ringbaan-West op de rotonde de Parklaan in rijden; deze gaat over in de Diesterbaan. Na 700 m rechts de Kruispeelweg in; 2e zandweg rechts. Nabij LAW 7 Pelgrimspad.

kampeerterrein VNK-kampeerterrein Wega ligt heel mooi in een bos- en weidelandschap. Er zijn zeer ruime plaatsen (naar keuze beschut of zonnig) en keurig sanitair. Elektra-aansluitingen zijn beperkt aanwezig. Diverse speelmogelijkheden komen aan kinderwensen tegemoet, zoals een speelbos om een hut te bouwen. Er is een jeu-de-boulesbaan en enkele dagen per week kan een kampvuur worden aangelegd. Tevens zijn twee vierpersoonstrekkershutten beschikbaar.

omgeving Het terrein ligt te midden van enkele fraaie natuurgebieden: het Weerter Bos (800 ha), de Budeler Bergen en Boshover Heide (1150 ha), waar onder meer enorme prehistorische urnenvelden zijn aangetroffen, de Tingelerwallen (zandverstuivingen) en de Kraag (50 ha), een broedgebied en pleisterplaats voor vele bosmoeras- en watervogels. Het is hier, kortom, een heel aangenaam fiets- en wandelgebied.
In de directe omgeving van Wega liggen een hertenkamp, visvijvers, een binnen- en buitenzwembad (De IJzeren Man) en het Centrum voor Milieu en Educatie. Weert draagt als wervende bijnaam 'de stad in het groen'. De plaats heeft een rijke historie (eerste vermelding in 1062) en koestert nog heel wat traditie en folklore. Middelpunt en hoogtepunt van de bebouwing is de St.-Martinuskerk (voltooid in 1456), een opmerkelijke, laatgotische, met steen overwelfde hallenkerk met een niet minder opvallend, rijkversierd interieur (onder meer 15e- en 16e-eeuwse gewelfschilderingen). De imposante kerktoren kan worden beklommen. Ten zuidoosten van Weert ligt het witte stadje Thorn. Het oogt als een pittoresk openluchtmuseum met zijn witgekalkte adellijke huizen en de monumentale Abdijkerk (14e-eeuws) aan het dorpsplein De Wijngaard. Thorn was vanaf eind 10e eeuw 700 jaar lang hoofdstad van een autonoom wereldlijk stift, met aan het hoofd een vorstin-abdis – een zeer bijzondere geschiedenis. Een van de mooiste kapellen van het stift ligt even ten noorden van Thorn: de 17e-eeuwse kapel van Onze-Lieve-Vrouwe onder de Linden.

SWALMEN (LIMBURG)

Aan de Grens

Bosstraat 121, 6071 RX Swalmen T 0475-501419/06-21892234 F 0475-570362
www.aandegrens.nl e-mail: aan.de.grens@worldonline.nl
geopend 01/04 – 31/10
oppervlakte 1 ha / 30 toeristische plaatsen

96

route Aan de doorgaande weg van Swalmen naar de Duitse gemeente Brüggen, midden in de bossen aan de Nederlands-Duitse grens, op 2 km van het centrum van Swalmen.

kampeerterrein De kampeerweide ligt midden in de bossen, wat een maximum aan privacy garandeert. Het prima sanitair omvat 4 toiletten en 4 douches. Er zijn een afwasruimte en een gemeenschappelijke ruimte die ook als slechtweer-voorziening kan dienen. Op het kampeerterrein zijn elektriciteitsaansluitingen aanwezig. Op het boerenbedrijf wordt limousinrundvee gefokt (ongeveer 55 dieren) en vindt aspergeteelt plaats.

omgeving De afkorting TRAP staat voor Toeristisch Recreatief Archeologisch Project. Dit is een door de Rijksdienst voor Oudheidkundig Bodemonderzoek (ROB) uitgezette, 23 km lange fiets- en wandelroute langs de belangrijkste archeologische monumenten van Swalmen. Al op 500 m van de camping is een aantal gerestaureerde grafheuvels uit de bronstijd te bezichtigen. Over het grondgebied van de gemeente liep de Romeinse weg Heerlen-Xanten. Een gedeelte ervan is gereconstrueerd en te bezichtigen aan de Kroppestraat. In het gehucht Asselt staat het oudste (en mooiste) kerkje van de gemeente: het St.-Dionysiuskerkje of Rozenkerkje (deels 11e-eeuws). Kasteel Hillenraedt is een van de mooiste waterburchten van Limburg. Het ligt in de bossen van Boukoul en bestaat uit een omgrachte voorhof met hoofdburcht. Het wordt bewoond, zodat het niet toegankelijk is. Wel kunt u eromheen lopen.
Ook in de directe omgeving van het kampeerterrein is door beheerderfamilie De Wit een aantal wandelroutes uitgezet. Bij de receptie zijn beschrijvingen en kaartjes te krijgen. Swalmen bezit ongeveer 490 ha bos, maar veel uitgestrekter zijn het over de Duitse grens gelegen Elmpter Wald (2000 ha) en Diergardtscher/ Brachter Wald (3500 ha).
Het riviertje de Swalm heeft zich op het hoogterras ingeslepen en meandert, op vaak schilderachtige wijze, richting Maas. Dit is het broedgebied van onder meer de ijsvogel. Ook de bever is in dit gebied gesignaleerd. Op 400 m van de camping start het Natuurpad, een route van 1,5 km door het Swalmdal. Tip voor dorstigen: op 100 m van de camping ligt, bij de voormalige grensovergang, het café Aan de Grens. Het heeft een gezellig terras en een prima keuken, waar u complete maaltijden kunt betrekken.

ECHTERBOSCH (LIMBURG)

Annendaalse Hoeve

Waldfeuchterbaan 107, 6105 BL Echterbosch T 0475-302722 F 0475-302722
www.annendaalsehoeve.nl e-mail: info@annendaalsehoeve.nl
15/03 – 31/10 **geopend**
0,5 ha / 15 toeristische plaatsen **oppervlakte**

97

route Volg de A2 in de richting Maastricht, afslag 44 Sint-Joost. Borden volgen richting Brunssum/Echt. In Echt linksaf richting Koningsbosch tot afslag Waldfeucht. Waldfeucht aanhouden, in Echterbosch de voorrangsweg N274 oversteken. Na het tankstation aan uw linkerhand vaart minderen, en na 60 m direct links vindt u de toegang naar het natuurkampeerterrein.

kampeerterrein Dit midden in de natuur gelegen kampeerterrein, dat over een kleine hertenkamp beschikt, wordt vooral gefrequenteerd door rustzoekers en natuurliefhebbers. Het is ideaal voor mensen zonder kinderen en ligt op slechts 200 m van de Duitse grens en op 20 km van de Belgische grens. De hoeve beschikt over een wijngaard, waar men de druiventeelt kan aanschouwen en in de pluktijd mogelijk wordt uitgenodigd om deel te nemen aan de oogst. De hoeve verbouwt daarnaast ook hoogstamfruit en allerlei soorten klein fruit.

omgeving Het gebied is zeer landelijk, met bossen, boerderijen en dorpjes, en telt bijzondere natuurgebieden, zoals het Haesselaarsbroek, de Marissen en de Doort, en twee interessante nationale parken, De Meinweg en De Hamert, naast vele kastelen, kloosters, watermolens en andere monumenten. De Meinweg, een 1600 ha groot natuurgebied, kreeg zijn status als nationaal park in 1995 vanwege de verscheidenheid van zijn natuur. Met name de amfibieën- en reptielenpopulatie is bijzonder en het is een van de weinige plaatsen in Nederland waar u wilde zwijnen vrij in het wild kunt ontmoeten. Ook het nationaal park De Hamert bezit een grote verscheidenheid aan fauna en flora. Verder herbergt het archeologische bijzonderheden, zoals graven en grafheuvels.
Ook Ambt Montfort is een aantrekkelijk wandelgebied, een streek die zich kenmerkt door de openheid van grote velden. Als een groen lint strekt zich de vallei van de voormalige Krombeek uit door het gebied. Liefhebbers van ruïnes moeten een bezoek brengen aan de Grauwert, de ruïne van een kasteel uit de 12e eeuw.
Het oude Echt herbergt tal van monumenten die herinneren aan een rijk verleden, en Susteren is een bijzonder groene gemeente.
Een van de belangrijkste bezienswaardigheden in de omgeving is het Roerstreekmuseum. Het ligt naast de basiliek H.H. Wiro, Plechelmus en Otgerus te Sint-Odiliënberg. Het museum bezit onder meer een Romeins graf en collecties archeologie, geologie, opgezette dieren en munten.

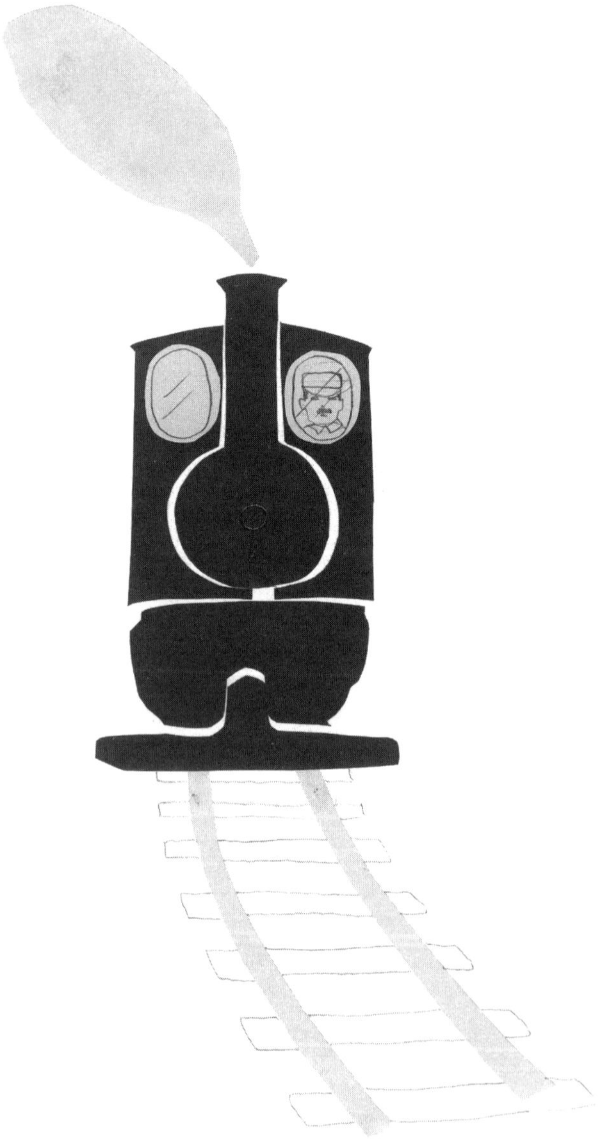

SCHINNEN (LIMBURG)

Hoeve Krekelberg

Altaarstraat 120, 6365 AM Schinnen T 046-4438313/06-51855359 F 046-4435391
www.hoevekrekelberg.nl e-mail: info@hoevekrekelberg.nl
01/03 – 31/10 **geopend**
2,6 ha / 75 toeristische plaatsen **oppervlakte**

98

route Sla van de A76 af naar Schinnen, ga over het spoor rechts en bij de T-kruising weer rechts. De camping ligt buiten het dorp bij de afslag naar het dorpje Thull.

kampeerterrein Het ruime VNK-natuurkampeerterrein Hoeve Krekelberg ligt achter een boerderij met weids uitzicht op het Thullerdal. De fraaie kampeerplaatsen liggen verspreid over een aantal terrassen op de helling van een heuvel. Dit bijzonder rustig gelegen terrein beschikt over nieuwe, zeer goede sanitaire voorzieningen, met onder meer een gezinsbadkamer en een aangepast seniorentoilet. Er is een leuk speeltuintje voor de kinderen. De hoeve zelf is een eeuwenoude, typisch Limburgse carréboerderij, die nog volop in bedrijf is.

omgeving Het plaatsje Schinnen en de nabijgelegen dorpen Puth, Oirsbeek, Amstenrade en Thull liggen in het mooiste deel van het Geleendal tussen de grotere kernen Geleen en Hoensbroek. Het is een heuvelachtig gebied met fraaie oude boerderijen (met name in Puth en Thull) en kastelen, zoals het kleine kasteeltje Doenrade bij Oirsbeek, kasteel Amstenrade (gelegen in een fraai park in Engelse stijl) en kasteel Hoensbroek. De donjon van Hoensbroek stamt uit de middeleeuwen, de beide vleugels in Maaslandse renaissancestijl uit de 17e en 18e eeuw. Het kasteel kan worden bezichtigd en er is een archeologisch museum gevestigd.
In de Romeinse tijd lag het huidige Zuid-Limburg bij een belangrijk knooppunt in het Romeinse wegennet: de wegen van Boulogne naar Keulen en van Brabant naar het Rijngebied kruisten elkaar in Maastricht. Er is dan ook een groot aantal vondsten uit de Romeinse tijd gedaan. Een van de interessantste is nu het hart van het Thermenmuseum in Heerlen, dat is gebouwd rond de resten van een Romeins badhuis uit de 2e tot 4e eeuw.
Ten oosten van Hoensbroek vindt u de Brunssumerheide, het enige heidegebied in Zuid-Limburg waar onder andere de zeldzame zonnedauw voorkomt. Geleen en Hoensbroek maakten vroeger deel uit van de Mijnstreek, maar er is weinig wat nog aan die tijd herinnert. Wie is geïnteresseerd in de vroegere mijnbouw, kan een bezoek brengen aan het museum Industrion in Kerkrade. Dit is tevens een van de halteplaatsen van het Miljoenenlijntje, de stoomtrein naar Schin op Geul – laat u die nostalgische rit niet ontgaan!

WIJLRE (LIMBURG)

De Gele Anemoon

Haasstad 4, 6321 PK Wijlre T 043-4591607
www.nivon.nl e-mail: geleanemoon@nivon.nl
geopend 01/04 – 01/10
oppervlakte 1,75 ha / 58 toeristische plaatsen

99

route Sla in Wijlre af richting Gulpen. Ga onmiddellijk na het kasteel rechtsaf, richting Stokhem. Bij de T-kruising slaat u af naar links en na 100 m naar rechts. De camping ligt 500 m verderop.

kampeerterrein Deze bijzonder mooie NIVON-camping ligt op een vlak terrein aan het riviertje de Geul en grenst aan de andere kant aan een prachtig bos. Op de kampeerplaats, die is verboden voor campers (wel 20 plaatsen voor caravans), staan enkele speeltoestellen en vindt u een pierenbadje voor de kinderen. Het sanitair is verwarmd en aangepast voor rolstoelers. U wordt uitdrukkelijk verzocht mee te helpen aan het schoonhouden van het sanitair. Er is een prettige slechtweervoorziening. Dit prachtige deel van Limburg is een populaire vakantiebestemming; als u in het hoogseizoen zeker wilt zijn van een plaatsje, wordt u dan ook aangeraden te reserveren, hetgeen onder meer via internet kan.

omgeving Een blik op de kaart leert dat Wijlre bijzonder centraal ligt voor een bezoek aan alle bezienswaardigheden van Zuid-Limburg. In de directe omgeving kunt u schitterende wandelingen maken, bijvoorbeeld naar Gulpen, of door het Geuldal naar Valkenburg, of bij Schin op Geul in het grote natuurgebied het Gerendal met unieke kalkgraslanden en een orchideeëntuin. Maastricht ligt slechts 16 km van Wijlre, Vaals 15 km en het sprookjesachtig mooie gebied rond Mechelen, Vijlen en Epen niet meer dan 8 km. Een van de mooiste – maar zware – fietstochten die u hier kunt maken, voert van Wijlre via Mechelen en Vijlen naar Vaals, vervolgens via Epen, Slenaken, Noorbeek en Sint-Geertruid naar Maastricht. Van hieruit kunt u via Valkenburg terugkeren naar Wijlre. Op deze lange tocht maakt u kennis met alle aspecten van het Zuid-Limburgse landschap: schitterende hellingbossen, diepe beekdalen, holle wegen, weidse uitzichten, glooiende heuvels met weiden en boomgaarden, meidoornhagen, imposante kasteelhoeven, schilderachtige dorpjes met vakwerkhuizen, watermolens en oude kerken.
De beide mooie dorpen in de nabijheid van het kampeerterrein, Wijlre en Gulpen, herbergen ieder een imposante bierbrouwerij (Brand en Gulpener), waar rondleidingen worden gegeven. Vooral Gulpen is voorts een uitgaansdorp met vele terrasjes, gastronomische restaurants (Le Sapiche(!) op Rijksweg 12) en een subtropisch zwemparadijs (Mosaqua).

VAALS (LIMBURG)

Hoeve De Gastmolen

Lemierserberg 23, 6291 NM Vaals T 043-3065755/06-51857537 F 043-3066015
www.gastmolen.nl e-mail: info@gastmolen.nl
01/04 – 30/09 **geopend**
0,5 ha / 22 toeristische plaatsen **oppervlakte**

100

route Ga vanaf de A2 bij Geleen (A76) richting Heerlen/Aken. Afslag Vaals (N281) en richting Vaals blijven volgen (N278). Voorbij het dorp Lemiers na 800 m links, let op de borden. Doodlopende grindweg volgen tot aan het kampeerterrein.

kampeerterrein Het VNK-natuurkampeerterrein De Gastmolen maakt deel uit van een veel grotere (6 ha) camping. Het geheel is een ruim opgezette natuurcamping, bijzonder fraai gelegen in het dal van de Selzerbeek. Het terrein is opgedeeld in kleinere delen met elk een eigen karakter en doelgroep. Iedereen deelt het prachtige uitzicht op de ruim 250 m hoge Sneeuwberg. Op de glooiende weilanden zijn de ruime plaatsen in terrasvorm aangelegd. De toegang is beperkt tot toercaravans en tenten. Het sanitair bestaat uit twee moderne toiletgebouwen. De slechtweeraccommodatie is uitstekend, evenals de speelvoorzieningen voor de kinderen, met als extra's een speelkamer in de voormalige boerenhoeve en een speelbos om bijvoorbeeld hutten te bouwen. Reserveren kan onder meer via internet.

omgeving U bent hier in een prachtig, gevarieerd landschap met heuvels, dalen en beken, afgewisseld met bossen, weilanden en holle wegen. In de directe omgeving van het kampeerterrein vindt u natuurgebieden als de Sneeuwberg, het Drielandenbosch, het Selzerbeekdal, de Wahlwiller Graven en het Geuldal. In het dorp Lemiers staat de onopvallende St.-Catherinakapel, een zaalkerkje uit de 14e eeuw, maar vanbinnen expressionistisch beschilderd (1977) door Hans Truijen, wat een zeer speciale aanblik oplevert. Een veel traditioneler overblijfsel van het ooit alom aanwezige katholicisme in deze streek is het klooster St.-Benedictusberg in het gehucht Mamelis. Het ziet eruit als een middeleeuwse hoogteburcht, maar dateert van de periode 1921-1968. Hier gaan alle missen nog in het Latijn (er zijn cd's van te koop) en die zijn voor iedereen toegankelijk. Retraites zijn alleen mogelijk voor mannen.
Prachtige dorpen in de omgeving zijn Cottessen, Camerig en Vijlen. De eerste twee bezitten een beschermd dorpsgezicht, waar de tijd lijkt te hebben stilgestaan. Fraai is de neogotische hallenkerk van Vijlen, gewijd aan de H. Martinus, met schilderingen van Charles Eyck. Het is de op een na hoogstgelegen kerk van Nederland (195 m) en in de wijde omgeving tekent het silhouet zich tegen de hemel af.

REGISTER

20.000 artikelen voor een avontuurlijke vakantie
Trekkerstenten
Familietenten
Kampeermeubels
Boeken & kaarten
Scottish
Highlands & Islands
RUSTIEK KAMPEREN
TSJECHIË & SLOWAKIJE
Bulgarien
Bulgaria
1977 - 2007 · BEVER ZWERFSPORT 30 JAAR ·
30
BEVER ®
ZWERFSPORT
Outdoor Innovators
Foto: Daan van Bergen, Bever Zwerfsport
Alkmaar · Almere · Amersfoort · Amsterdam · Apeldoorn · Arnhem · NIEUW ADRES Breda Tolbrugstraat 7 · Den Haag · Eindhoven · Enschede · Groningen · Haarlem · Hengelo Hilversum · Houten · Leeuwarden · Leiden · Maastricht · Nijmegen · Rotterdam · Steenwijk Tilburg · Utrecht · NIEUW Zwolle · België Antwerpen/Merksem · Women's Outdoor World: Amsterdam Overtoom 51 · WouW Instore Shops: Amersfoort · Den Haag · Eindhoven Groningen · Haarlem · Houten · Maastricht · Nijmegen · Rotterdam · Outlet Store: Den Haag t/m 31-12-'07 Breda Wilhelminastraat 22 · WWW.BEVER.NL VOOR INFO, NIEUWTJES & AGENDA!